JN231640

THE DODO JEAN

「ジーンズ3本でスタイルは決まる！」

百々千晴

White cotton T-shirt/HANES × RE/DONE
Skinny Jeans/RE/DONE

ごあいさつ

「THE DODO JEAN」を手にとってくださった皆さまへ。

襟をただす。という言葉があります。私にとってそうさせてくれるのがジーンズ。デニムパンツのことです。

もちろん10代20代のころはそんなことあまり考えずにジーンズが好きで穿いていました。20代後半ぐらいに、あれ？ 少し変。と異変に気づいてジーンズの穿き方と考え方に向き合うキッカケになりました。

体型が変わったのです。

だけど、そんな自分のせいで好きなものを諦めるなんて。ジーンズ以外のこともですが好きなことなんて変えられないし、変えないほうがいいんです。好きな人、好きなこと、好きな食べ物。好きな好きな好きな、、、。好きな物があればあるほど人は幸せなのです。

うまくまとまりませんが、そんな私のジーンズのこと、楽しんで見てもらえると嬉しいです。

2018年 CHIHARU DODO I 百々千晴

THE DODO JEAN Q&A

人の数だけ
悩みあり!?

インスタ上でジーンズにまつわる
質問を募集したところ……。

こんなにも多くの悩みや相談がありました！

Question: 001

百々さん♡　こんにちわー！
先日は、水着についての返信ありがとうございました^^
身長が158㎝で最近、ハイウエストのワイドジーンズを購入したのですが、どのようにスタイリングしたら良いか分からずにまだ着ておりません。。おすすめのスタイリング等ありましたら、教えてただきたいです。

Answer: 001

158㎝だと、バランスには困らない身長ですね！私はスタイリストだけどいろんなものをてんこ盛りにすることより、なるべくミニマルにその人の良さが引き立つスタイリングをおすすめしたいです！　なんでもないTシャツやニットでシンプルに着て、試してみてください！

Answer: 002

私もふくらはぎがすぐ浮腫み、発達してしまいます。スキニーは膝下のシルエット、わかりやすく出ちゃいますよね。でも足首が出るくらい短めのジーンズは、スッキリして変にならないですよ！リーバイス501スキニーは、丈が短めでおすすめです！　▶▶▶P22-23もCheck!

Question: 002

背が153㎝、昔運動していたせいでふくらはぎが太めなんです。小柄だとスキニーがバランス取りやすいですが、スラっとしていなくてイマイチ難しいです。

Question: 003

百々さんのおっしゃる質問とズレてるかもしれませんが、、、。150㎝やせ型だが上半身に比べ下半身デブ。脚がムクミ＋筋肉質。若さで穿けていたジーンズが、年齢とスタイルの悪さのせいか手抜きファッションに見えるようになりました。
百々さんご自身の着こなしているシンプルなスタイルが好きです。Tシャツやシンプルセーターでも、かあちゃんが、近所に買い物に行く感にならないポイントを知りたいです。

Answer: 003

若さで穿けていたデニム！！が、今は、、、。よく分かります。ものすごくわかります。そんな時だから自分の美と健康と向き合うチャンスです。もちろん身体に合うジーンズを探すのも大事。と同時に1日10分でいいのでヒップアップのストレッチをしてみてください！　最近はYouTubeになどにアップされてますよ！
▶▶▶P22-23、P58-59もCheck!

Question: 004

はじめまして。
いつもスタイリングが好きで、インスタ沢山スクショさせていただいてます♡私は週5くらいでジーンズを穿いているのですが、太ももだけが太く…(-_-)内もももって言うのかもしれませんが、そこを隠さないと落ち着かないためいつもデニムシャツやカーキシャツなどを腰に巻いています。出来ることなら、何も隠さずシンプルにジーンズを穿きたいのですが、素敵な方法やアイテムがあったら教えていただきたいです♡
よろしくお願いします☆ミ

Answer: 004

スクショ―。光栄です！！　ありがとうございます。デニム週5生活、素敵ですね。私は週7です(笑)。わかります。内ももに肉があると、お股を見るとくっつきますよね。だけど、隠す必要ないんです。そのまま穿いていれば、心と身体が反応して少しほっそりしてきますよ！　そのためには少しのストレッチと筋トレをしてみてください。YouTubeなどで脚やせ、などの動画があります。ヒップアップと腹筋を鍛えること、骨盤を本来の位置に戻すことが大事です！　▶▶▶PP22-23、28-29もCheck!

Answer: 005

太ももの前が張りますよね！ワイドやバギーパンツのようなシルエットがおすすめです。身長にもよりますが、なるべくヒールを履いて、縦長になるシルエットを意識してみてください！

Question: 005

太ももの前側がパンパンでどんなジーンズでも張ってるように見えてしまいます😣　少しでもスッキリ見える方法ありますか？

Question: 006

太ももが太すぎて(筋肉と脂肪のサンドイッチ…)、ジーンズが似合いません！　太ももに合わせるとウエストが緩い。というか、穿けるジーンズを探して試着するのが苦痛なほど。どういったものを選べば格好良くジーンズを穿けますでしょうか泣

Answer: 006

ワイドやバギーなどから始めてみるのがいいかもしれません。抵抗があると、どんどんジーンズを遠ざけてしまうので色んなジーンズを試してみてください！　そしたら身体と向き合ういいキッカケになると思います！

Question: 007

いつも可愛い百々さん♡
お尻がプリっとしていて羨ましいです(^▽^)　デニム大好きなんですが、産後お尻が下がってガードルが手放せなくなりました。百々さんはガードルなど下着どうされてますかー

Answer: 007

産後、私も骨盤締めるベルトがくっついてるガードルはいてました！半年ぐらいで卒業しました。お尻、どんどん下がりますよね。私もほっとくと本当に下がります。時間がない中だけど1日10分でいいのでヒップアップの運動してみてください！ヒップアップされた状態で歩いたり、普段の生活に取りいれると気持ちいいですよ！　下着はジーンズに当たりが出ないようにタンガ(Tバック)を穿いてます。　▶▶▶P58-59もCheck!

Question: 008

質問お願いいたします♡ウエストは細いけれどお尻が大きくてなかなかサイズが合わなくて似合うジーンズがあまりないのですが、そんな体型に合うジーンズの形やブランドがあれば、教えていただきたいです。

Answer: 008

ウエストが細くてお尻が大きい！なんて、理想の下半身です！　私は鍛えてお尻を大きくしています。ジーンズはストレッチ入りがおすすめ！　ウエストに合わせて購入してヒップはピチっと穿くとカッコいいです！　リーバイスの501スキニーなど、おすすめですよ！

Answer: 009

太い自分が悪いー？コラー！怒です。太い身体を生かして自信を持ってジーンズを穿きこなしてください。合わせ方もなるべくシンプルにニットやTシャツで、私が考えるカッコいい女の出来上がりです！ベルト無しにしたい場合は、お直し専門店で、自分のジャストサイズにしてもらうのもいいと思います。
▶▶▶P22-23、28-29もCheck!

Question: 009

こんにちは。ジーンズをベルトなしでカッコよく穿きたいのですが、腰が張っていて、どうしてもそっちに合わせるとウエストがぶかっとあまってしまいます。。腰張りさんにおすすめの形や穿き方のコツなどありますか？　そもそも太い自分が悪いのですが、、、泣　カジュアルになりすぎない合わせ方なども知りたいです♡

Question: 010

はじめまして！潤ちゃんのポッドキャストからのファンです♡痩せっぽちで太れない体質なのですが、それでもヘルシーにカッコよくジーンズを穿きこなすコツがあれば教えていただきたいです！本、楽しみですー(^▽^)/

Answer: 010

痩せっぽちさん。私はいろんな女性の身体を見る機会が多いので、痩せてるは痩せてるで洋服選び本当に大変ですよね。わかります。どのくらい痩せてるかにもよりますが、スキニーを選ぶときはざっくりしたニットなどで上にボリュームを。ストレートジーンズやゆるっとしたジーンズのときは、トップスはジャストサイズでウエストINしてメリハリをつけてみてください！▶▶▶P24-25、30-31もCheck!

Answer: 011

体型戻りませんよねー。私も産後その問題にぶつかりました。今も産前の身体とはぜーんぜん違います。産前、産後関係なく、年齢も理由の１つだと思います。そこで！私が普段から考えているのですが、すこーしでいいから自分の身体を大切にしながら好きになること。そして、心も綺麗でいることです。大切なのは自分を持つことだと思います！　どんな身体も隠さずともカッコよくなるって思います！

Question: 011

初めまして！
ストーリー見ました。百々さんの本すっごく楽しみにしています♡　本の中で答えて欲しい質問をさせてください。産後から体型がまだ戻らず、ジーンズにTシャツなどのシンプルな格好が好きなのですが、おばさん感が出てしまいます。スタイルが良いときっと格好よく締まりがあるんだろうなぁ、、と思うのですが。スタイルがモデルさんのようでなくてもかっこよく着こなすポイントがあれば教えて欲しいです。(外人さんとか、むっちりしていてもステキな気がするので)

Question: 012

出版をとても心待ちにしています♡
早速質問なのですが、産後下半身の
体型が変わってしまい、穿けないジー
ンズも出てきてしまったのですが、
下半身が太めでもカバーできるよう
な着こなし方を知りたいです。

Answer: 012

産後ってどーしてこんなにも変わるんでしょーかねー!?
神様は女にどんな試練を与えたかったんでしょーかねー？
はい。カバーするという考え方、まずは変えてみてくださ
い！少し張りあるぐらいのほうがジーンズは似合います。
骨盤矯正やヒップアップもやってみてくださいね
▶▶▶PP22-23、28-29もCheck!

Answer: 013

うらやましい！！私はそうなりたくて、ヒップアッ
プのみならず大きくなることを望んで鍛えてます。
ストレッチ入りのジーンズを選んでピチっと穿い
てください！ ▶▶▶P22-23、28-29もCheck！

Question: 013

お尻が外人体型なのですが、どの
ようなジーンズがお尻を生かした
着方ができますか？

自分に似合う、世界に１本のジーンズ！
"ジーンズをカスタムする"という方法もあるんです!!

「ウエストに合わせるとお尻が窮屈で、お尻に合わせるとウエストがあまっちゃう」「太ももの張
りが気になって……」など、そんな悩みを抱える皆さまに朗報です！　実はリーバイスに、自分だ
けのジーンズを叶える夢のようなカスタムサービスがあるんです。ぜひともチェックしてみて。

リーバイスで購入したリーバイス®製品のジーンズやトップスであれば、それぞれの要望に合わせたカスタマイズが可能。
レングスの変更をはじめ、シルエットを変えたり、太ももの張りが気になればセンタープリーツを入れてみるなど、詳し
くはリーバイスのマスターテーラーの方と直接相談を！　イニシャルを好みのフォントや大きさで入れることもでき、世
界に１本だけのオリジナルジーンズが完成。

Levi's® Tailor Shop: リーバイス®ストア新宿店 東京都新宿区新宿3-29-12 　　　TEL 03-5363-4501
リーバイス®ストア大阪店 大阪府大阪市中央区西心斎橋1-6-8 TEL 06-6241-8134

Contents

CHAPTER 3

自分の身体と向き合って自分の身体を好きになる（054）

CROSS TALK with 中村アン（062）

CHAPTER 4

春→夏→秋→冬
百々千晴がMY3本で着まわす120コーデ！（068）

CHAPTER 5

ジーンズとともにある
Dodo's ワーク＆ライフスタイル（106）

CROSS TALK with ヨンア（116）

JEAN
(Dodo's)
PHILOSOPHY

私がジーンズを選ぶワケ……

「ジーンズを"穿きこなす"ことは
決してラクじゃない。むしろ挑戦」

「私の中でハダカに近い存在が、ジーンズだった」

　その歴史をたどっていくと、確かに作業着として生まれたものだから"カジュアルなシーンで着るもの"というイメージが定着してますよね、ジーンズって。さらに言うと"ラクできるアイテム""ラクしていいアイテム"として選ばれていることが多かったり。でも、最初にハッキリと言わせてください（笑）。そう思わないでください！　ラクしたかったら、ワンピースをのほうが女性らしさを出しやすいし、簡単にキマります。　「ラクだから」という感覚で穿き続けてる、ゆるゆるに伸びきったストレッチジーンズは、今すぐ手放しちゃってください。ジーンズを"穿きこなす"ことは、決してラクじゃない。むしろ、挑戦なんです。

　普段から多くの服に触れ、いろんな服を着せる仕事をしてる私が、そもそもジーンズを基本とした今のスタイルに至ったキッカケは、スタイリストアシスタントをしていたハタチの頃。シンプルな格好をすることが心地いい、そう思ったのが初めの一歩でした。まず当時は、自分の格好を気にしてるヒマなんてなかったというのと、シンプルって目立ちはしないけど単純にそれがスタイルあるようでカッコいい、そんな風に思ったから。そこからはとにかく"ベーシックなものを着こなせるように"意識を持っていくようになりました。ただ、冬はTシャツ＋パンツ＋もこもこのロングダウンという出で立ちで、時にバイク便の人と間違えられたことも（笑）。それでも"ベーシック"にこだわり続けて、いつからかジーンズが私のユニフォームのようになり、気づけばプライドを持って着ている服のNo.1がジーンズになっていました。

　素朴な疑問として、たまに聞かれるのが「シンプルなスタイルに飽きることはないの？」という質問。それには決まって、こう返します。飽きるどころか、もっとシンプルになりたいんです、と。究極を言えば、ハダカで歩きたいぐらい（笑）。撮影でも本当は"服を着せない"ディレクションをしたいほど。なぜかって、服の情報がミニマムになればなるほど、その人の魅力をダイレクトに伝えられるから。でも、もちろんスタイリングをしないわけにいかないし、実際ハダカで外は歩けない。そんな中、たどり着いたのが、ジーンズでした。私の中でハダカに近い存在が、ジーンズだったのです。

―ジーンズは、その人をそのまま映し出す―

　自分のことに置き換えて言えば、そのままの自分がさらされる＝真の自分と向き合わされる。いわば、ジーンズは今の自分を知るバロメーター。振り返ってみると「去年と今年、同じシーンズを穿いてるのに何か違う……」初めてそう思ったのが28歳、そこが私のお尻の曲がり角でした（笑）。それは、ずっと同じ格好を続けてきたからこそ気づけたことですが、年齢とともにお尻は垂れ、お肉のつき方も変わってくる。体型が変わると、ジーンズってこんなにもハードルが上がるのか、と実感しました。でも、今の私に似合うジーンズやスタイルは必ずある！　そこから研究が始まりました。18歳の頃は流行りのジーンズをただ穿けばよかったのが、20年後の今は違う。合わせるトップスによってはヒールを履かなきゃいけなくなるし、ローヒールの時はいつも以上に姿勢に気をつけなきゃいけない。シンプルでいることは簡単そうに見えて、実はその裏にたくさんの"やるべきこと"があって、すごく難しい。でも、だからこそ面白い。他人からすると"いつ見ても変わり映えしない百々ちゃん"に見えても、自分の中では日々闘いが繰り広げられている。落ち込んだり↘、上がったり↗……。でも、それでいいんです。気になる部分は改善するのみ。「身体のラインが変わってきたから鍛えなきゃ！　肌が荒れているから食生活を変えてみよう！　髪がパサついてるから集中ケアが必要だ！」そんな風に。そして見えてくる課題は外見的なことだけじゃなくて、

はたまたメンタルに至るまで！　「どんな色のトップスもフィットしない。あれ？　顔つきがちょっとキツくなってる!?　そういえば最近、仕事のミスが続いていたし、アシスタントのコにも怒ってばかりいたな。あ〜、自分ダメだな。休むでも、身体を動かすでも、流れを変えなきゃ」って。自分と向き合うことは、すごくポジティブなこと。「こうしよう！　ああしよう！」って、自分に足りない部分を見つけてステップを踏めるようになるから。もともと落ち込みやすい性格ですが、ジーンズ生活のおかげで、うまく切り替えていける方法が分かるようになりました。

　シンプルな格好をするということは、いつ見られてもOKな自分になるということ。そう、自分がある程度仕上がっていないと、ジーンズは穿きこなせないんです。"自分にとって不都合な現実"に直面しない格好をしていれば、きっとラク。でも、それだと成長できない。自分の中の上にはいけないし、のびしろがなくなっちゃう。わりと早いうちからそこに気づけたことは、私自身すごくラッキーだと思っています。今の自分が何をするべきなのか見えてくるから、あらゆることにおいてブレることなく的確な選択ができるようになってきました。"自分らしさ"を鍛えていく。そのトレーニングをできるのが、ジーンズなんです。

　白Tにジーンズ、そこにヒールを合わせただけで「なんかいいかも♥」って、すごく洒落て見えた時、言葉では言い表せない快感があります。で、それが自分のエネルギーになっていく。今や"百々＝ジーンズ"。周りの人にはそう思われているぐらい、私はほぼ毎日ジーンズで過ごしていますが、自分のスタイルに迷いがある方、ぜひとも一度ユニフォームのようにジーンズと付き合ってみて欲しい。いや、土日だけ数週間穿き続けてみるだけでも、自分との向き合い方、闘い方が分かってくると思います。ただ、１本に絞ってしまうの

「"自分らしさ"を鍛えてくれるのが、ジーンズなんです」

「ジーンズには学びがある」

は、いきなりハードルが高いので、色違い、形違いで3本のジーンズを！ 3本あれば充分、自分のスタイルは作れます。合わせる他のアイテムをぱっと決められるようになってくるし、シーズンの変わり目にたくさんの新作が並んでも、ちゃんと"自分らしさ"という視点でチョイスできるようになってきます。

大きなダイヤモンドのリング然り、18歳の女のコがバーキンを持っても似合わない。真っ赤なリップが似合うようになったのも、私は30代半ばになってからでした。それと同じで、おばさんがこだわり貫いてたどり着いた今のジーンズは、18歳だった時の自分は、きっと穿きこなせないと思う。齢をとって似合わなくなるものは出てきますが、逆に昔似合わなかったものが齢を重ねて似合うようにもなってくる。そういうのって、すごく嬉しい！ 食べ物でもありますよね!? ネギ、ミョウガ……、今までは避けてきたのにいつからか「ないと味に深みが出ない」と感じるようになることって（笑）。

私はたぶんM気質というか、アスリート的なのかもしれませんが、なんでも結果にコミットしないとつまらない。でも"ごまかし"を重ねていくだけじゃ、結果には出ないんです。ファッションもラクを続けていたら何も変わらないし、洋服は毎日着るものだからこそ目標を持って着ていたほうが絶対に楽しい。だって、やっぱり"自分のある"女性はカッコいい。普段はジーンズでも、そういう女性がいざドレスを着たら、もうそれ以上の美しさはこの世にないっていうぐらい、本当に美しいから。メッキじゃない、真の輝きが魅せる美しさ。

誰かになろうとするんじゃなくて、自分のスタイルを築いていくことが大切。私も常に課題だらけです（笑）。そして、それをひとつひとつクリアに。

学びがあるんです、ジーンズには。いや、ジーンズから全てを学べるんです。

(014) T-shirt/ACNE STUDIOS, Rings/SECOND HAND, Bracelet/ENASOLUNA DODO, Watch/PATEK PHILIPPE, (015) White T-shirt/H&M, Skinny jeans/RH VINTAGE, Watch/PATEK PHILIPPE, (016) Sleeveless top/THE ROW, Jeans/SERGE DE BLEU, (017) Blue skinny jeans/RE/DONE, Loafers/MANOLO BLAHNIK

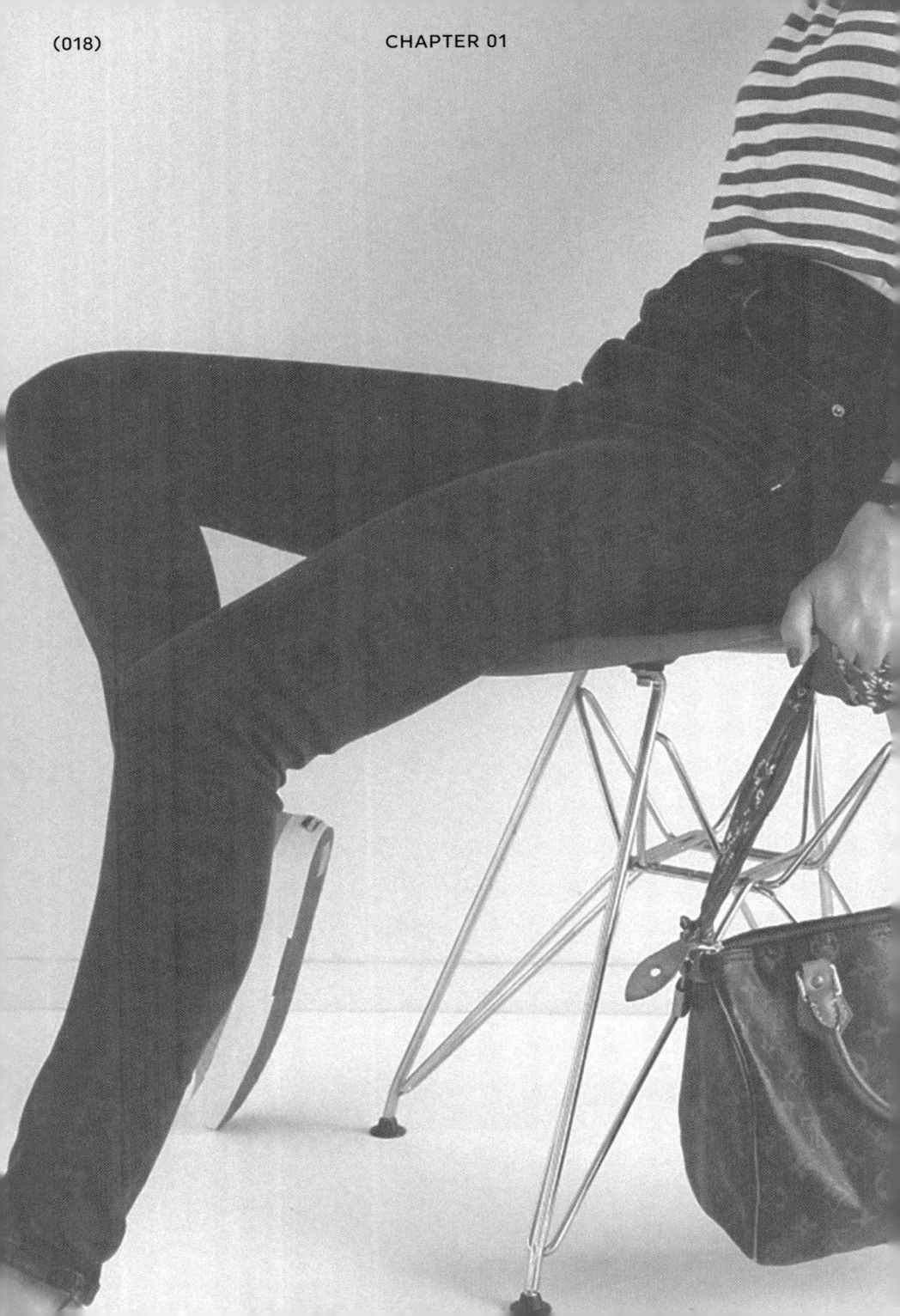

Chapter

01

About a Jeans

☑ まずは自分の体型に合うジーンズを探そう

Check

Size:
SMALL

Height:
UNDER 155CM

Type:
上半身ガッチリ

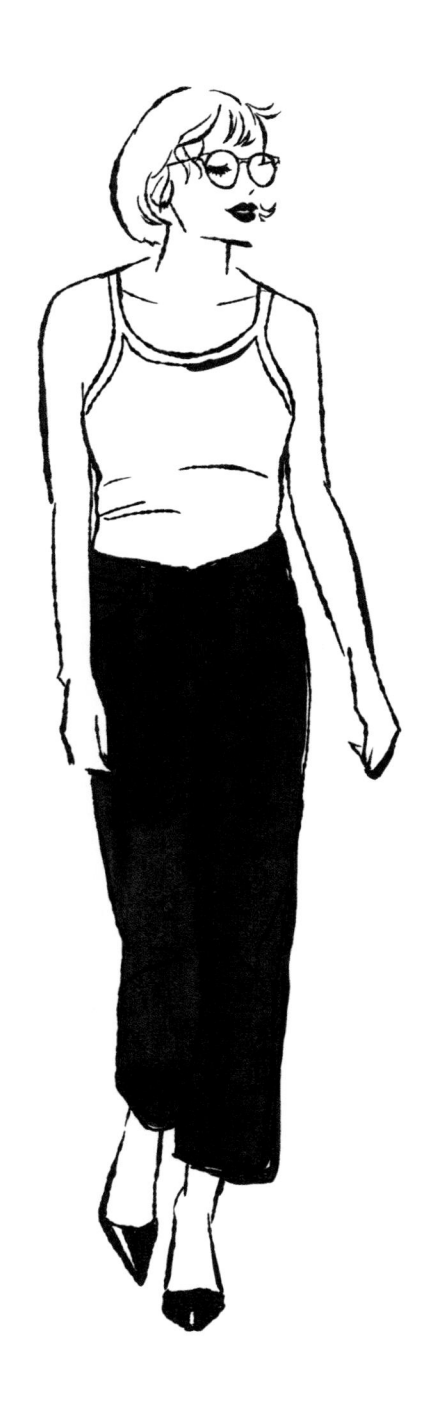

UNIQLO

(White Wide)

程よい存在感で、小柄な人に
好相性なホワイトワイド。

UNIQLO

(High Rise Straight)

いわゆる古着っぽいムードで
おしゃれを楽しめる1本。

MACPHEE

(Tapered Skinny)

程よくテーパードされた、ピ
タピタすぎない男前スキニー。

> ## ストレート〜太めジーンズで、下半身を重ために！

肩幅が広い、二の腕が太いなど、上半身がしっかりしてる人は全体的に真っ直ぐ
なIシルエットを目指すといいと思います。それを踏まえて選びたいジーンズはス
トレート、もしくはやや太めのシルエット。上半身に対して、あまり細く仕上げ
ないことが理想です。あえてメリハリをつけないイメージで……。そして"背があ
まり高くない"ということであれば、色味は浅く色落ちしたブルーや、いっそ白な
ど、淡いトーンで軽やかに！　さらに、くるぶしが見えるぐらいの丈感で調整す
るとバランスアップ。同時に股上深めのハイライズジーンズで脚長効果もねらって。

RAG＆BONE /JEAN

(Indigo Skinny)

ウエストにゆとりがあり、スキニーでもお尻に窮屈感なし。

CITIZENS of HUMANITY

(Washed Straight)

腰まわり〜太ももがシャープな、スリムストレート。

LEVI'S®

(501 Skinny)

細すぎないのにスッキリ見える、絶妙なシルエット。

"スキニー寄り"の、細身ストレートが大本命

お尻が大きい、太ももが張ってる、ふくらはぎが筋肉質……、いわゆる下半身がガッチリしている人は「脚を隠そう」と、あえてサイズアップしたり、わざわざ太めのシルエットを選びがちですが、それは逆効果。あまり身長が高くない人は特に、です！　かえって下半身を重たく見せ、もっさりとした印象に。とにかくスッキリ見せるためにシルエットは細身のストレート、むしろ思いきって「スキニーに挑戦する」というのも大アリです！　ただ、レギンスのように脚の曲線をそのまま出してしまう生地薄のピッタピタなものはNG。脚をギュッと引き締める矯正効果のあるような硬く厚手の素材、そして膝下は細すぎないものを。

Size:
SMALL

Height:
UNDER 155cm

Type:
下半身ガッチリ

Size:
SMALL

Height:
UNDER 155cm

Type:
全体的にカリカリ

RED CARD

(Super Skinny)

サイドジップで着こなしの幅
を広げるスマートなデザイン。

LEVI'S®

(501 Skinny)

色落ちさせた浅いブルーで見
た目のふんわり感をねらって。

SERGE de bleu

(Straight Cut)

ストンとした美シルエットで
着こなしに凹凸感をプラス。

> ## 選べるジーンズが多い一方、コーデ力がカギに！

身体のメリハリがあまりなく、全体的に華奢な人はボリュームバランスを操作し
やすいトップスの着こなしに力を入れるのが◎。裏を返せばジーンズの選択肢は
豊富で、スキニーも、ストレートも、ワイドもいけちゃいます！
重要なのは厚みを出すスタイリング術。スキニーとストレートはトップスにボ
リュームを出すべくオーバーサイズのTシャツやスウェットやニット、そして、ふ
わっとするブラウスなどを。ワイドジーンズの場合、コンパクトなTシャツはもち
ろん、あえてビッグ×ビッグバランスでいくのも華奢な人ならではの醍醐味。また、
靴やバッグ……、小物でボリューム感を出すのもテです。

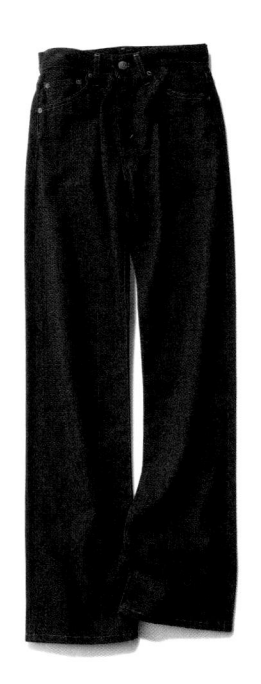 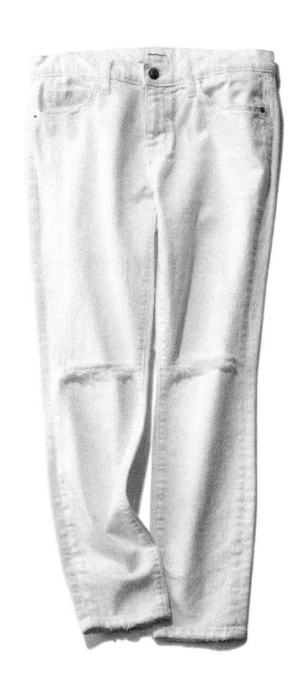 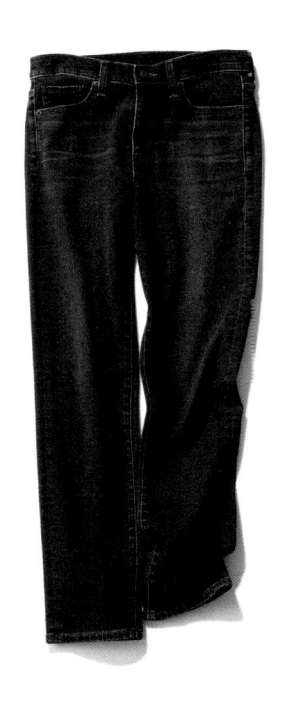

LEVI'S® VINTAGE CLOTHING

(701)

ストレートで、スッキリと
シャープな印象が美しい。

CURRENT/ ELLIOTT

(White Skinny)

膨張色のホワイトで、ガッチ
リした上半身をめくらまし！

UNIQLO

(Hight Rise Cigarette)

穿くだけで自然な美脚へと導
く、膝下ストレートスキニー。

全身を真っ直ぐストレートにするイメージで！

コンプレックスに思う部分は、思いきって出す！
どのタイプにも共通することですが、これが私の基本的な考えです。
隠そうとすればするほど、かえって悪目立ちしてしまうから。
気になる箇所に手を加えるんじゃなく、そこを"魅せる"ために他の部分で調整を。
ガッチリと頼もしい上半身なら、それに負けないよう下半身にも少し厚みを持た
せるのがベストバランス。そう考えるとジーンズは、膝下までストンと伸びるス
トレートのほうがスキニーよりベター。背の高い人であれば、色味は淡いものか
ら濃いインディゴまでオールマイティです。

Size:
TALL

Height:
OVER 163CM

Type:
上半身ガッチリ

(028) CHAPTER 01

Size:
TALL

Height:
OVER 163CM

Type:
下半身ガッチリ

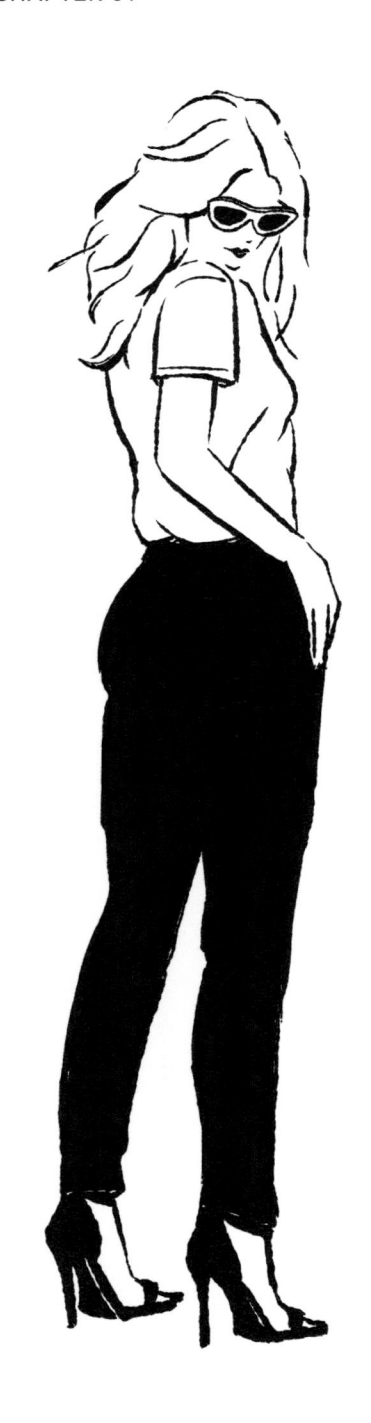

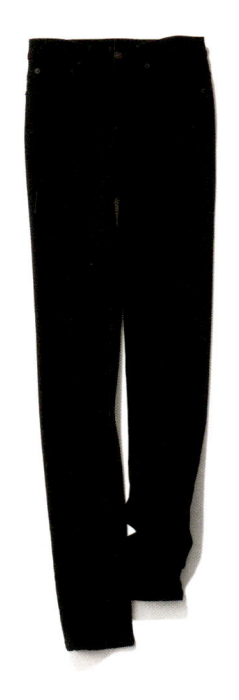

DIESEL

(Jersey Skinny)

伸縮自在な特別素材で、スキ
ニーを始めるのに最適な1本。

MINEDENIM

(Black Skinny)

しっかりとした肉厚の生地で
矯正並みに脚を引き締め!?

KBF

(Wide)

脚をカバーできる1本もおさ
えておきたい人のために……。

丸みを帯びた女性らしい曲線美を生かして

ジーンズは基本的に身体の厚みがあるほうが、迫力が出てカッコいいので、下半
身が大きい人ほどヒップから太ももの曲線美を綺麗に映すシルエットを、堂々と
穿きこなして欲しいと思っています。そう、ビヨンセのように……❤
変にカバーしようと"大きめ"を選ばないでください。くれぐれも選ぶのは自分に
合ったジャストサイズを!　大切なのはスッキリ見せる全体のバランスです。ブラッ
クや濃いブルー、色味で視覚的な"引き締め"効果をねらって。トップスはウエス
トIN、そして足元にはヒール、このポイントだけおさえてシンプルに。

 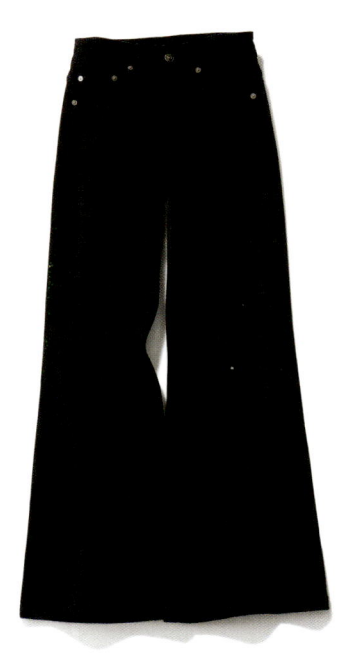 

SERGE de bleu

(High Rise Wide)

脚に柔らかく沿う太めの1本
で、ボリュームアップ。

TOMWOOD

(Black Flare)

穿くだけでスタイル美人にな
れる最強のフレアシルエット。

A|X ARMANI EXCHANGE

(Low Rise Straight)

ローライズでウエストまわり
はトップスでふわっと演出。

> ### ワイドやフレア、ボリュームあるジーンズを味方に

痩せ型でヒョロっと背の高い人は、とにかく全体のシルエットに立体感が出るよ
うなコーデを心がけてみてください。ジーンズそのものにボリュームあるワイドや
フレアシルエットは、背が高い人ならではの特権でもあるので、ぜひとも有効活
用を！　また足のラインを出さないストレートジーンズも華奢な人には好都合。
ただしハイウエストは腰まわりの薄さを強調してしまうので、あえてローライズ
に着目。オーバーサイズのTシャツをふわっとウエストに入れたり、ざっくりニッ
トを合わせるなど、＋全体的なカサ増しで奥行き感ある印象に。膨張色×引き締め
色、色の濃淡でメリハリをつけるのも得策です。

Size:
TALL

Height:
OVER 163CM

Type:
全体的にカリカリ

Jun Hasegaw

A pair of jeans is like an empty canvas. How you dress it up is your own unique expression of art.

/ Blue Skinny

(032)　Tank top/JAMES PERSE, Blue skinny jeans/RE/DONE
(034)　T-shirt/TOTÊME, Blue skinny jeans/RE/DONE
(035)　One shoulder tank top/FUMIKA UCHIDA, Blue skinny jeans/RE/DONE

Chiharu Dodo 「私は死ぬまで、一生ジーンズ（笑）！」

Dodo（※以下D）：「潤ちゃんのスタイリングをさせてもらうようになったのは、ここ３年ぐらいだよね!?　でも、その前から潤ちゃんは私がイメージする女性像そのもので、大好きなモデルさんの１人だった。ただ自ら営業をかけるタイプでもなかったから、なかなか出会えずにいたんだけど、３年前、雑誌『HONEY』で私がスタイリングしたジーンズの特集を潤ちゃんがたまたま見てくれて、それを機に声をかけてくれて」

Jun（※以下J）：そう。もちろん百々ちゃんのことは知っていたけど、その『HONEY』のデニムストーリーのページを見た時は衝撃を受けたの!!　抜け感ある"スタイリングじゃないスタイリング"にときめいて、スタッフクレジットを見たら百々ちゃんだった。で、その後に決まっていた『anan』のカバースタイリングを、思いきってお願いしてみることに！」

D：「オファーを受けた時、それはそれはドキドキしたよね。だって、念願の潤ちゃんだもん！　すっごく色々考えた。で、考えて、考えて、考えた挙句の結論は、もともと自分が抱いていた"潤ちゃんのイメージそのままでいくこと"だった。ほら、人って気合い入れると空回りしちゃったりするし、第一、自分の意図しないものを着せて、潤ちゃんをヘンな感じにしたくなかった。自分自身も普段から『嘘偽りなく自信を持って内面を出せる女でありたい！』と、できる限りナチュラルに、リラックスしていたいと思ってるから。だから、その初撮影も『本来の自分のスタイリングでいこう！』って臨んだの。そして選んだのは、ジーンズに黒いキャミソールという究極にシンプルな衣装（笑）」

J：「その適当さ、いやいやちゃんと考えられているんだけど（笑）、そのラフな感じがすごく心地よかった！　カバーの撮影となると、私を含め、みんなが"力の入った感じ"になってしまうもの。シンプルにすることは簡単そうで実は難しく、すごく勇気のいることなんだけど、百々ちゃんはそれをやってくれて、結果、素晴らしい撮影になった。私も百々ちゃんと同じ考えで、シンプルでいるほうが自分の表現の仕方が広がる。百々ちゃんのスタイリングだと心が解放されて、自由に自分らしさとか自分の色を出していいんだって思えるの。その時からもう私の心は百々ちゃんに開きっぱなし（笑）。あと、今思うとタイミング的なこともあったかな。上の娘の出産後、大人っぽい綺麗めな格好へとシフトしていく中で、いったんジーンズが私のワードローブから消えた時期があったの。自分がハワイでジーンズを穿いていた頃の"若いイメージ"から脱却して、どうやって大人っぽく、そして自分らしくジーンズを穿いたらいいか分からなくて……。そんな時にちょうど百々ちゃんと出会って、美しく上品に見せるシルエットやバランス、小物でいかに格上げするか、スタイリングの極意みたいなものを教えてもらって、ジーンズが再び自分のスタイルになった」

D：「ファッションって、やっぱり自分の気持ちにフィットしていることが一番。おしゃれ＝着飾ることじゃなくて、自分自身が心地よくいられるものを身に着けて自分のスタイルを築いていくこと。もちろん、中身の豪快な人が期待通りに派手であってくれることは、違和感ないし、すごく気持ちいい。でも大多数はシンプルでいることに自信のない人たちな気がして、そこがもう少し変わっていけばいいな、って思う。そして今度は齢を重ねると『ジーンズはカジュアルすぎて似合わなくなる』って言うけど、そんなことない。だって、色々な経験を積み重ねてきた大人ほどジーンズに味を出せるから。そう、大人こそジーンズ。私は死ぬまで、一生ジーンズ！　未来の私はストレートジーンズにざっくりニットを重ねて、裸足でパソコン片手に砂浜や広い庭の芝の上を歩いてる。山や海に囲まれながら、パソコン１つでできる仕事をして（笑）。そうやって想像してみても、私には絶対ジーンズが必要！」

J：「そういうことだよね（笑）。自分のライフスタイルを想像すると、ファッションにおける自分のスタイルも自然と見えてくる。逆に言えば、シンプルでいると、自分が本当にしたいことが見えてくる。私も今の生活に、ジーンズは欠かせない。それが一番自分らしくいられて、心地いいアイテムだから。ジーンズはキャンバス。そこに何をどう合わせていくか、で自分のアートになっていく」

D：ほんと！　それぞれに自分のカラーや素材をジーンズに乗せていって欲しいな。

Jun Hasegawa「ジーンズはキャンバス。そこに自分の色を
　　　　　どう乗せていくか、で自分のアートになっていく」

PROFILE
長谷川潤・15歳の時ハワイ島から来日し、モデル活動をスタート。現在も数多くのカバーを飾り、CMにも出演するなど、モデルとして不動の地位を確立。自身のポッドキャスト glenwood "HEART TO HEART" も随時更新中。
Instagram @liveglenwood

Chapter

02

Styling, Hair & Make-up

☑ 合わせるものとヘアメイクで印象を変える
Check

01. Wood motif necklace/SOPHIE MONET

03. Gold bracelet/AMBUSH®

04. Suede beige leather and nylon sneakers/A.P.C.

02. Ribbed knit gloves/DEMYLEE

BYREDO
SUEDE
CRÈME POUR LES MAINS ET LES ONGLES
HAND AND NAIL CREAM

06. Hand and nail cream/BYREDO

05. Straw hat/FLYING CLOUD HATS

(FOR DAY SCENE)

CLOSET WITH BEIGE TONE

昼間のジーンズスタイルは、リラックスしながらも大人ゆえの上品さが必須。ミニマル
で洗練されたベージュアイテムをスタイリングに持ち込んで、モダンな雰囲気に。

08. Logo cap/STÜSSY

07. White cow leather belt/MAISON KITSUNE

09. Fragrance oil/150/THE SOPHIA SCENT

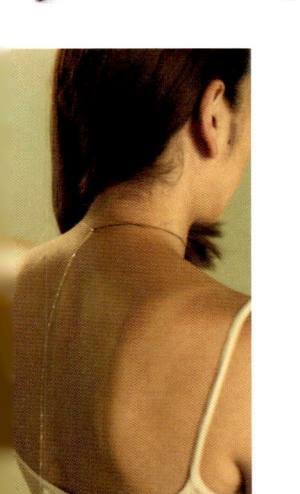

10. See-through bra/ONLY HEARTS

11. Suede shoulder bag/ACNE STUDIOS

12. Pink flame eyewear/MYKITA

01. Facial oil/**HERBIVORE BOTANICALS**

02. Lace-up boots/**SERGIO ROSSI**

04. Silver bracelet/**SOPHIE BUHAI**

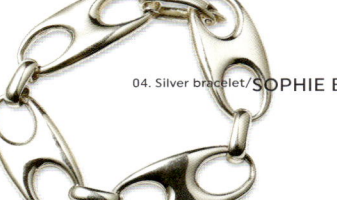

03. Hair perfume spray/**BYREDO**

05. Black and navy casket/**RAG & BONE**

06. See-through lingerie/**LAURA URBINATI**

07. silver heart necklace/SOPHIE BUHAI

08. Silver and fringe earrings/SOPHIE BUHAI

09. Bucket type bag/PIERRE HARDY

10. Double-button jacket/ELIN

11. Sunglasses/ACNE STUDIOS

(FOR NIGHT SCENE)

Closet with Black Tone

ジーンズだってスタイリング次第で見違えるほどのドレスアップが可能に！　着こなしに緊張感を持たせ、格上げするドラマティックな黒アイテムをねらって。

Tops

色・素材・形の違いで、表情は無限に変わる。

⏱ Day

リラックスして過ごせる素材や形を！

01. High-necked sweater/ELIN

02. Wool shirt jacket/MADISONBLUE

03. Logo T-shirt/RAG & BONE

YOUR MOUTH
MY LOVE

⏱ Night

エレガントな要素を入れて格上げ

04. Double button jacket/ROKU

05. velvet long sleeve tops/ELIN

06. Elegant shirt blouse/UNIQLO U

コットンやウールのニットやTシャツ……。昼間に選びたいトップスは、着ていて快適でリラックスできる素材や形なこと。そして、ちょっと遊びのあるメッセージがプリントされているTシャツや、元気の出る色づかいなど、ジーンズがシンプルだからこそ"気分を上げる"という視点で、いろんなトップスを楽しむように。ちょっとした冒険でもデザインがベーシックであれば、大人の余裕に変わります。

ジーンズでドレスアップする際、まず失敗ないのは黒トップス。ジャケットや背中が大きく開いたカットソーなど、それだけでぐっと引き締まった雰囲気に。そして素材でリュクス感を高めるのも有効。テロッとしたシルクや艶めくベロアなど、光沢感はジーンズをクラスアップする1つのキーワード。とにかく"エレガントに仕上げる"ことを意識してスタイリングすれば、そんなに難しくはないはずです。

01. Bucket type bag/ PIERRE HARDY

Bag

お気に入りを合わせて、バッグで自分らしさを

⌣ Day

トレンドや季節感を入れて外すことも！

🕐 Night

女性らしさをのせた小さなバッグを飾って

02. Toto bag/HERMES

05. Leather Bucket Bag/OUI OUI

03. Shoulder bag/RAG & BONE

06. Suede hand bag/PELLICO

04. Bum bag/A.P.C.

07. Shoulder mini bag/SAINT LAURENT

バッグに関しては「ジーンズがこういう色でこういうシルエットだから、バッグはこういうものが似合う」とか、きっちりコーディネートする必要はないと思っていて、それぞれに荷物の量も、好みも違うので、自分のお気に入りを好きに合わせちゃってください（笑）。私の場合は基本ベーシックですが、ふとトレンドを入れてみたり、季節感を取り入れてみたり、バッグで外してみることもよくあります。

夜のバッグ選びは昼間と違い、もう少しルール的なものがあって、ターゲットとなるものがある程度絞られてきます。合わせたトップスとのコーディネートからしても、まずカジュアルなキャンバス地などは考えにくいと思いますし、ショッピングバッグのように大きなバッグもふさわしくありません。小さな世界観の中に女性らしさやクラシック感の込められたクラッチやミニバッグなどで気分を高めて♪

01. Leather strap pumps／CELINE

Shoes

おしゃれを決める要だからこそ、靴には投資を！

⌄ Day

ベーシックこそ美しさにこだわって

🕐 Night

華やぐ色や輝きをのせたドレッシーな1足を

02. Loafers/J.M. WESTON

05. Two-tone pumps/EMILIO PUCCI

03. Short boots/ISABEL MARANT

06. short boots/SERGIO ROSSI

04. Corduroy pumps/KMB

07. Metallic shoes/KBF

女性は多いと思いますが、漏れなく私もやっぱり"靴好き"で、昼間のコーディネートにおいても靴はかなり重要なポイントに。そう、シンプルなジーンズルックだからこそ足元はおしゃれを左右する大切なポジション。ジーンズそのものにそれほどコストがかからない分、靴に投資すべきだと思ってます。上質なローファーや赤い靴、そしてフェミニンなブーツなど、自分らしさとその時の気分をのせて……。

かかとが上がると、気分もアガる❤ 靴は分かりやすくテンションの上がるアイテム。夜のお出かけは、ヒール靴が基本です。シンプルなピンヒールなんて、それだけで美しい。といっても、私自身は10cmも12cmもあるようなピンヒールを履くのはなかなか厳しいので、デザイン的な力を大いに借りています。ハッとする色づかいや輝き、美しく尖ったフォルムなど、アートピースのような1足をパートナーに。

01. Silver heart necklace/SOPHIE BUHAI

Jewelry

コーデの深みを増す、小さいながらも圧倒的な存在感

☽ Day

勝負の日は大切な時計で気合いを入れて

🕐 Night

さり気ない品と女性らしさを効かせて

02. Watch/PATEK PHILIPPE

03. Pearl earrings/SOPHIE BILLE BRAHE

時計・ジュエリーに関しては昼⇔夜の切り替えじゃなく、いわゆるONかOFFかで身に着けるものを使い分けてます。たとえば昼間でも大事な仕事がある日は、いつかの自分へ贈った大切な腕時計をお守り代わりに、また気合いを入れるためにも着けます。キリッと気持ちが引き締まり、いい緊張感が保てるので。そんな自分だけのストーリーを持つアイテムもまた、ジーンズだから特別に輝く気がしてます。

普段のカジュアルなスタイルにはスキンジュエリーとしてシルバーやゴールドのシンプルなものを着けていますが、本格的なドレスアップを図る時はハイジュエリーのパワーを借ります。服がシンプルでも、その存在感と重厚感は圧倒的。小さくても本物の輝きが、説得力をもたらしてくれるんです。また、服を変えずにそのまま夜のお出かけへ、という時、私はパールのピアスをバッグに忍ばせています。

Beauty

ヘアとメイクは気分を切り替える重要スイッチ

⊙ Day

"何もしてない風"の演出は、質感がカギ

🕐 Night

赤リップと繊細ラインで色気を添えて

SKIN

スッピンメイクに必要なのは、肌のフレッシュ感。スキンケアと下地でとにかく保湿を念入りに行い、ツヤを出して健康的な印象に。

LIP

特別なテクニックがなくても、ひとたび塗るだけで顔が一気に華やぐ、赤リップ。それぞれの肌色によって似合う赤が違うので、とにかく色々試して運命の1本を！

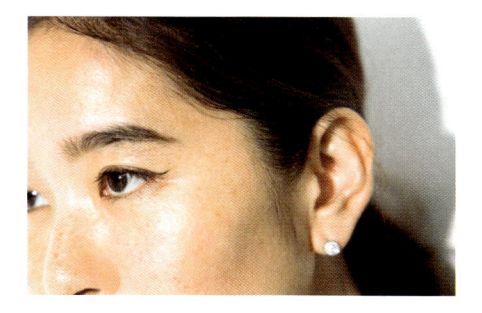

HAIR

一方ヘアは、パサっとラフな毛束感で外国人風に。ただし、毛先が傷み本当にパサパサしていると不健康かつ、だらしなく見えてしまうので、日頃のケアをしっかりと。

EYE

赤リップはそれだけで"メイクしてます感"が出るので、アイメイクも濃くしてしまうとトゥ-マッチに。ラインは目尻にだけ繊細に入れるのがポイント。

極力シンプルでいたい姿勢は、ヘアメイクにおいても同じで、普段はほぼスッピンに近い状態で過ごしています。ですが、そのためにきちんと手をかけておかなければいけないことがあって、私が意識を向けているのは肌と眉毛です。眉毛に関しては放置しておくとボーボーなので、整えるために眉毛サロンに通っているほど。整形級に顔の印象が変わります。肌は健康的に見せるツヤ感に命かけてます（笑）。

夜の外出は靴やジュエリー同様、気分を高めるためにヘアメイクでもスイッチを入れます。J・バーキンなど、もともと"ジーンズに赤いルージュを引いた女性"にドキドキするほど、私にとって赤い口紅は、女性らしさの象徴であり特別なもの。30代後半になってきてようやく私も似合うようになってきたのでワクワクしながら引きます。また、顔の印象が引き締まるので目元にもラインを引きます。

Chapter

03

Body & Health

☑ 自分の身体と向き合って自分の身体を好きになる

Check

自分の身体と向き合う

(Face Myself)

そもそもジーンズって"似合う、似合わない"じゃなくて"穿きこなしているか、否か"だと思うんです。美人だから、スタイルがいいから、モデルだから……という理由でみんながみんなジーンズをカッコよく穿いてるワケじゃない。

言い方が悪いですが「別にフツー」「取り立てて惹きつけられることもない」なんてこと、ザラにあります。人柄、思考、人としての奥行きなどその人にしかないものを持っているかどうか。その人ならではの個性があるかどうか。ジーンズそのものに"特別な色"がないからこそ"穿く人自身の持つ色"が、素敵なスタイルを作る重要な要素に！　要するに誰しもみんな、ちゃんと自分と向き合うことでジーンズを素敵に穿きこなせる、と私は信じてます。

だから「太っているから」といってジーンズを避けることはありません。太っていることを隠す必要もありません。ありのままを見せることが自分を受け入れる第一歩だし、その先にするべきことが見えてくるから。

ただ"何もしないで太っている人"と"美意識はあるけど太っている人"の間には決定的な差があると思います。自分の身体に目を向けず欲望のままただだラクをしてる人と、身体のことを考え何かしらやっている人とでは全然違う。別にジムに行かなくても、家で10分間ストレッチをするだけでもいい。運動がキライだったらサウナに行くのでもいい。とにかく少しでも自分の身体と健康に向き合う時間を持つことが、確実にいい変化を起こし、その人の美しさにつながっていくと思うんです。

私も自分の身体を好きでいたいし、皆さんにも自分の身体を好きになって欲しい。そのためにはやっぱり何かしらのメンテナンスを行っているほうが自分の身体を愛せるはずです。私はたまたま自分に合っていたということ

もあって、パーソナルトレーナーをつけて運動していますが、それは「細くなりたいから」じゃなく、どちらかというと「大きくなりたいから」。というのも、私は上半身が貧弱なせいでパッと見痩せて見えますが、実は下半身（脚）がすごく太いんです。だからこそ全体のバランスを整えるために、お尻を大きく、肩幅も広くしたい。でも、そう考えるようになったのは30歳を過ぎてからで、最初は私もコンプレックスである太い脚を細くすることばかり考えていました。で、脚を細くすることに躍起になった結果、確かに脚は細くなったけど、同時にもともと貧弱だった上半身はさらにゲッソリし、みすぼらしい感じに……。

全然綺麗なんかじゃなくて、自分が思い描いていた身体にはならなかった。そう、性格と一緒で、その人が生まれ持った肉づきってなかなか変わらないんです。だったら、その欠点を無理に「直そう、隠そう」とするんじゃなく、いい方向へと伸ばしていったほうがいいなって、考え方を切り替えるように。そんな風に発想を前向きに転換させていくほうが身体にとっても優しいし、心にもいい効果をもたらすと思うんです。

性格同様、身体もそうそう変えられないのだから、むしろ「どう付き合っていくのか」を考えるほうが大事。だから、身体が大きくてもそこに美意識と自信を持って堂々と！　それが最高にクールで、魅力的。ビヨンセのジーンズ姿とか、まさに迫力があって、本当に美しいし❤

お尻が大きいことも、脚が太いことも個性。そう捉えて、生かしていけば自然とその人自身がキラキラと輝いていき、人を惹きつけていくようになるんです。

自分の身体と向き合い、自分の身体を好きになっていきましょ♪

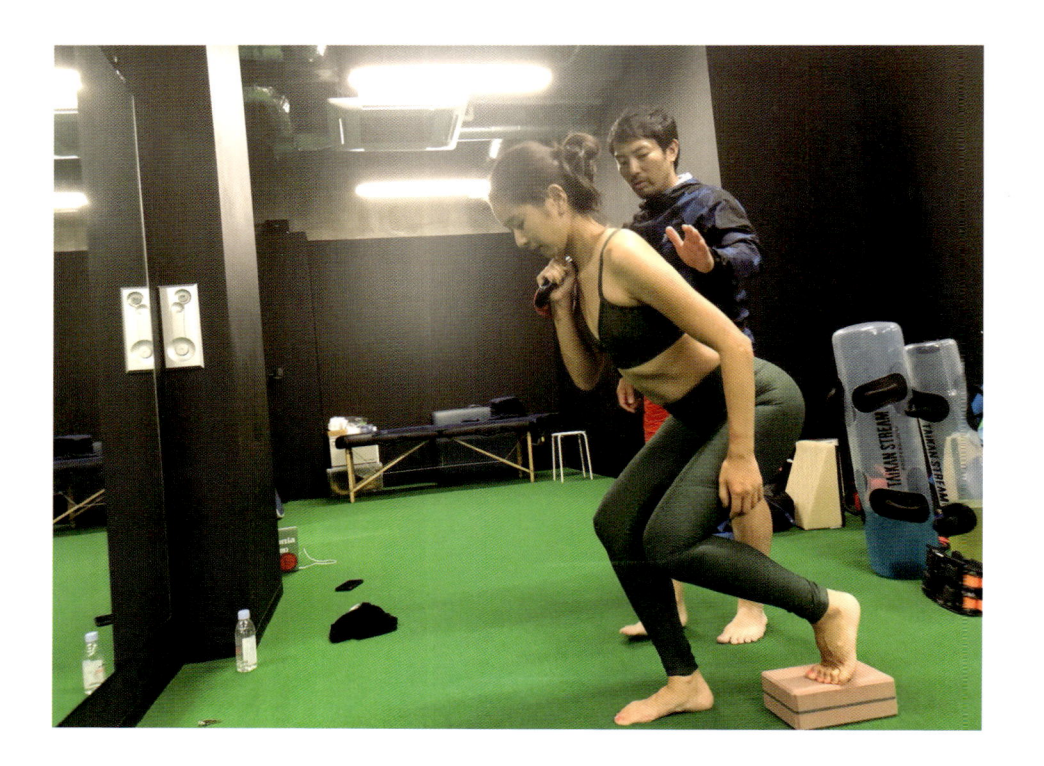

Fitness

Training

トレーニングで、お尻と上半身を大きく！

前頁でお話したように私は脚の太さがコンプレックスで、ならば全体的なバランスを変えよう、と上半身を大きくすることとヒップアップの強化を決意。5年前からパーソナルトレーナー坂主さんのもとへ週1ペースで通っています。納得いく仕上がりになるまではまだまだだけど、諦めたくないし、強化したい部分を重点的に見てもらえるので、これからも続けていきたい。そして何より"身体のために時間もお金も費やしている"という事実が「健康でいないともったいない」と、いろんな方面で私を奮起させています（笑）。身体を鍛えることは心の健康にもつながるから、私の健康寿命は絶対に延びていると信じてます！

体幹とお尻の力を使いながら
正しい姿勢で歩く訓練

不安定なストレッチボールの上に身体を仰向きの状態でのせ、その場で交互に足踏みを繰り返します。まず身体が左右にぐらつかないよう平衡バランスをキープすることで体幹が鍛えられるのですが、その"体幹を使いながら歩く"ということを日常でも実践できるよう身体に覚えさせるトレーニング。

股関節を柔らかくしながら
お尻の筋力をアップ！

横向きに寝て、足先(土踏まず側)をくっつけながら膝を開閉。この動きを何回も行うことで股関節がほぐれるのと同時にお尻の筋力がついていきます。普段、お尻の力を使わず、脚の力だけで歩いてしまうと脚が太くなる原因に。ちゃんとお尻の力を使って歩けば、お尻は上がり、脚も細くなるんです。

INFORMATION

51,5 Transaction Gym
東京都渋谷区恵比寿西2-21-4
代官山パークス B2
坂主拓國 トレーナー

T. 03-6873-7373
H. www.515transaction.com

Food Diary

基本的には食べたいものを食べます！

（Meat）

お肉大好き！

（Veg & Fruits）

ビタミンもしっかり！

有機、無添加、栄養バランス、そしてアレルギー問題もあり、日頃から口にするものには気をつけているほうです。ただ「身体にいいものを！」とストイックになりすぎるのは、どこかで心を窮屈にしてしまうこともあるので、身体だけじゃなく、ちゃんと心を満たせるものもバランスよく摂るようにしています。肉と魚からの動物性タンパク質、旬の野菜やフルーツから得られる様々な栄養素……、運動＋食の持つパワーで、健康的な身体を目指します！

（CURRY RICE）

肝機能を高め、抗酸化作用にも優れたターメリック。そんな身体にいい香辛料をふんだんに使うカレーは食べる漢方とも言われ、食べるだけで幸せな気分に。リスペクトしてます（笑）。

（COFFEE TIME）

コーヒー大好き。ロンドンで賞を取っている写真のものがお気に入り。牛乳はなるべく使わないようにしていて、最近はAmazonで購入しているヘンプミルクをお試し中。

（POWER OF OIL）

身体にいいとされる油類はサラダなどにかけ、積極的に摂るよう心がけています。基本、市販のドレッシングは使用してなくて、塩、コショウ、バルサミコ、油だけでシンプルに。

（CATERING FOODS）

撮影が続くほど健康になる!?　というぐらい、最近のケータリングは栄養バランスが考えられ、とても質が高いんです。おにぎりは1個だけで我慢して、おかずを多めに食べています。

（SUPPLEMENT）

仕事が立てこみ、食事バランスが偏りがちな時はサプリメントの力に頼ります。風邪のひき始めには写真右から2番目のビタミンD3を。他、鉄分やリラックス効果の得られるものを常備。

（HOMEMADE COOKIE）

子供たちと一緒に作った米粉のクッキー。白砂糖の代わりにココナッツシュガーを、バターの代わりにギーを使い、罪悪感なしのスイーツに。甘さひかえめですが味より身体の幸福度重視。

（VEG PICKLES）

かぼちゃの漬物。漬物には乳酸菌が含まれているので、意識的に食べています。特に私は卵と乳製品アレルギーの気があるので、日々の食卓に並べやすい漬物から乳酸菌を補給します。

（POMEGRANATE）

女性ホルモンを増やし、アンチエイジングにも大きな効果をもたらすザクロ。さらに美肌効果も高く、女性にとっては嬉しい限りのスーパーフード。その酵素シロップをソーダで割って。

（YAKINIKU）

お肉大好きな私にとって、焼肉はまさに神ゴハン（笑）。動物性タンパク質は元気の源なので、食べると細胞レベルでエネルギーに満ちあふれます。疲れた時は、大好きな焼肉で復活！

Anne Nakamura

BLACK SKINNY

You could say that my motivation to workout is to simply wear jeans. My goal is to be able to wear jeans on formal occasions such as when I'm a guest on TV shows and big events.

(062) Dress/ MADISONBLUE, Black skinny jeans/UNIQLO, (064) High neck top/BASERANGE, Black skinny jeans/UNIQLO,
(065) Jacket/SEYA. Black skinny jeans/UNIQLO Loafers/JOHN LOBB

Chiharu Dodo「"身体を鍛えてる"という安心感があったから
アンちゃんにはごまかしの効かない黒スキニーを！」

Anne（※以下A）：「ジーンズは普段から穿いてるほうなんですけど『コレ！』という１本に出会えるまでは、結構時間かかっちゃいます。やっぱりジーンズって正直というか、身体のいいところも欠点もそのまま出しちゃうじゃないですか!?　だから素材の硬さや厚み、ウエスト位置、丈感など、脚やお尻の形によってフィットするものが人それぞれ違う。簡単じゃないからこそ、ハマってしまうんですよね」
Dodo（※以下D）：「最近の愛用ジーンズは？」

A：「今はハイライズスキニーがメインです。ただ、スキニーでも、脚のラインを忠実に拾ってしまうレギンスのようなピッタピタなものじゃなく、膝下からはストレートになったものが好きです。そして、身長がそんなに高くないから、ヒールにしてもフラットシューズにしても、私にはくるぶし丈がバランス取りやすいですね。色はインディゴ系が多いかも」
D：「まさに今回スタイリングするにあたって、アンちゃんには絶対スキニーを穿いてもらいたかったの。しかも、最もごまかしの利かないブラックスキニー。やっぱり"身体を鍛えてる"っていう安心感があったから（笑）。アンちゃんは上品でモダンな女性像、というのが私の中にあって、色のトーンは"ベージュ×黒"という大人っぽくニュートラルな世界観で表現したかった。中に１つ、アクセントとなる全身黒のスタイリングもまぜて。あ、でも、強くなりすぎないよう透け感あるドレスを重ねて、あくまでもフェミニンに」

A：「ありがとうございます。私自身『さらっとジーンズの似合う女性になりたい』と昔から思っていて、そのためにトレーニングを始めたワケではないですが、やっぱりジーンズをカッコよく穿きたくて、身体を鍛える上でかなりモチベーションにはなっています。実際トレーニングを始めてからのほうがウエストも締まり、するっと穿けるようになったので、ジーンズがもっと身近になりました。でも、ブラックスキニーはほんとにハードル高い（笑）。もうここ数年トレーニングを続けてるんですけど、お尻を鍛えるのはやっぱり難しくて……。特に日本人はもともとお尻が下がっている人が多く、お尻の筋肉もつきにくいらしいんです」
D：「お尻の筋肉を使うような造りじゃないんだ!?」

A：「骨格的にそうみたいで。お尻がぽってり、そしてキュッと上がっていると、それだけでジーンズが決まるのに。でも、それをあまり悲観しないよう、ヒールという武器もあるし、少しでもよく見せる方法を考えスタイリングで楽しめるようにしています」
D: 逆にどこが一番効果が出やすいの？

A：「意外とみんな腹筋はつきやすいと思います。女の人ってやっぱり皮下脂肪が多いから。おなかまわりは鍛えれば、ちゃんと応えてくれる！」

D：「そう。やっても結果に出ないと、ジムに行くのが憂鬱に。もともと私のお尻は少し垂れただけでも気になっちゃう形をしていて、お尻のトレーニングを重点的にしてるんだけど、同時に上半身も絶賛鍛えているところ！　下半身の大きさを目立たなくさせるために厚みを出したくて。でも、昔、自己流でやっていたスクワットにより、太ももとふくらはぎに余計筋肉がついて、上下アンバランスになっちゃったから（涙）」

A：「私もチアリーディングをやっていたから大腿部正面の筋肉がすごく発達してたんですけど、正しいトレーニング法を教わってから、だいぶ理想のラインに近づいてきました。高校・大学時代は、自分の身体があまり好きじゃなかったから、それこそジーンズを穿くのも結構勇気がいる感じで。だから自然とワンピースなど、可愛らしいものが中心に。この世界に入った当初は目立つために色味もピンクやイエローなど派手なものが多かったです。でも、最終目標はジーンズを主役としたシンプルな格好！　私服だけじゃなく、ゆくゆくは表舞台でも堂々とジーンズで登場できる人になりたい。でも、そのためには中村アンという人間をもっと確立していかないと」

D：「え。アンちゃんなら、もう全然イケるよ！　いや、潔くてすごくいいと思う。赤リップも似合うし、ちょっと素敵なヒールを履いて、もうそれだけで決まる❤」

A：「白Tを、たまに黒Tに変えてみたり（笑）!?」

D：「そう、その２択で！　すごくインパクトある。もう、そこまで削ぎ落としても"アンちゃんはアンちゃん！"という存在感が充分にあるから大丈夫」

A：「そしたらTシャツ＋ジーンズ方向に、しれっとシフトしていってみようかな（笑）。頑張ります！」

Anne Nakamura「ジーンズをカッコよく穿きたいという想いはトレーニングを続ける上でいいモチベーション」

PROFILE

中村アン・東京都出身。色気のあるロングヘアと顔立ち、そしてそこに健康的な身体の美しさが加わり、憧れの存在として女性層を中心にカリスマ的人気を確立。現在「andGIRL」「BAILA」でレギュラーモデルを務める一方、女優としても大活躍。2018年10/8よりスタートしたフジテレビ系の月９枠ドラマ「SUITS/スーツ」での熱演も輝く。

Instagram @cocoannne

Chapter / **04**

Coordinate

☑ 春→夏→秋→冬
Check 百々千晴がMY3本で着まわす120コーデ！

Blouse／CELINE　Sunglasses／RAY-BAN

Spring

「たくさん着こむ季節を抜け出しブラウスや
カットソー１枚でおしゃれを楽しむ春が来た！」

Sweater/DEMYLEE, Black leather sandals/ELIN

Top/MAISON MARGIELA, Bag/J&M DAVIDSON

「気分の上がる柄、色、ボーダー、そしてストライプ
365日で割合を占めるのは静かな色だけど、春だけは特別！」

Shirt/ELIN

Knit/BEAUTIFUL PEOPLE

Long T-shirt/FUMIKA UCHIDA

Foodie/H&M

SPRING

Top/**ADIDAS**

Cardigan/**COMME des GARCONS**

Foodie/**AURALEE**

Shirt/**AURALEE**

Bag/JIL SANDER

Bag/CELINE, Shoes/CHANEL

Sneakers/NEW BALANCE

Knit/BELLA FREUD, Bag/LOUIS VUITTON

Cap/COEL, Knit/RON HERMAN

T-shirt/SECOND HAND

Knit/MIU MIU

Tops/AURALEE

SPRING

Sweat shirt/SECOND HAND, Sunglasses/RAY-BAN

Sandals/BIRKENSTOCK

SPRING

Stripe top/MAISON MARGIELA

Denim shirt/ACNE STUDIOS

SPRING

Jeans Details　　Type: Blue Skinny (High Rise Ankle Crop)
Brand: RE/DONE
Size: 24 inch
Inseam: 69cm

Black Skinny (Super High Waist Skinry)
Brand: RH Vintage
Size: 25 inch
Inseam: 70cm

Blue Straight (Staple)
Serge De Bleu
Size 24 inch
Inseam: 67cm

SPRING

T-shirt/**THEORY,** Sunglasses/**CELINE**

Summer

「夏！！定番中の定番、白いT-シャツにブルーデニム。
だから夏が好き。100歳になっても、この格好をしたいと思ってる。」

Sleeveless top/THE ROW

T-shirt/PETIT BATEAU, Shoes/DR. MARTENS

T-shirt/TOTÊME, Sneakers/VANS

Cap/HERMES, Bag/SAINT LAURENT

Sunglasses/CELINE, Shoes/PIPPICHIC

Bag/J&M DAVIDSON , Shoes/CELINE

Camisole/FUMIKA UCHIDA , Bag/CELINE

T-shirt/JW ANDERSON Shoes/LANVIN

T-shirt/PETIT BATEAU, Sneakers/SUPERGA

Sleeveless top/H&M, Bag/CARVEN

SUMMER

Sandals/TEVA×EMMI, Bag/CELINE

「100歳までジーンズ穿くことをイメージした時に気にすることはお尻だけ。
お尻だけは下がらないように！だから神様お願い。」

Bag/THE ROW, Shoes/CHANEL

T-shirt/RAG & BONE, Shoes/JILL STUART

T-shirt/HANES×RE/DONE, Sneakers/VANS

T-shirt/HANES×RE/DONE, Sunglasses/THE ROW

SUMMER

Sleeveless top/STEVEN ALAN, Bag/RON HERMAN

T-shirt/HANES×RE/DONE, Bag/JW ANDERSON

Swim wear/MATTEAU , Sunglasses/CELINE

Camisole/MADISONBLUE, Bag/HERMES

SUMMER

T-shirt/SECOND HAND, Bag/HERMES

T-shirt/SECOND HAND, Shoes/BIRKENSTOCK

T-shirt/SECOND HAND, Cap/JILL STUART

T-shirt/SECOND HAND, Shoes/BALENCIAGA

Jeans Details

Type: Blue Skinny (High Rise Ankle Crop)
Brand: RE/DONE
Size: 24 inch
Inseam: 69cm

Black Skinny (Super High Waist Skinny)
Brand: RH Vintage
Size: 25 inch
Inseam: 70cm

Blue Straight (Staple)
Serge De Bleu
Size 24 inch
Inseam: 67cm

Autumn

「真冬の寒さは嫌だけど、お気に入りのニット1枚
で過ごせる秋は大好き。こっくりした秋色レッドと
ざっくりシルエットでバランス良し！」

Sweater/THE ROW, Bag and Shoes/NINA RICCI

Jacket/CELINE, Loafers/JOHN LOBB

Jacket/SECOND HAND, Shoes/MANOLO BLAHNIK

Cardigan and inter top/AURALEE , Belt/RON HERMAN

Jacket/MARGARET HOWELL, Top/SECOND HAND

AUTUMN

Shirt/**AURALEE,** Loafers/**JOHN LOBB**

Sweater/**MAISON MARGIELA,** Belt/**ISABEL MARANT**

Jacket/CELINE, Shoes/MANOLO BLAHNIK

Coat/CELINE, Boots/SAINT LAURENT

「秋は素足で足首を出す日もあれば、少し肌寒くてショートブーツで肌を覆う日も……。
でもコートの下はTシャツ！　そんな不安定な季節さえも楽しめちゃう。」

AUTUMN

Jacket/STELLA McCARTNEY, T-shirt/UNIQLO

T-shirt/RAG & BONE, Shoes/MANOLO BLAHNIK

Sweater/THE ELDER STATESMAN

Sweater/STELLA McCARTNEY

AUTUMN

Knit beanie/DRAWER

Jacket/THE ROW, Swim wear/RON HERMAN

Sweater/ACNE STUDIOS , Shoes/PRADA

Sweater/RON HERMAN, Cap/ISABEL MARANT

AUTUMN

Jacket/CELINE, Bag/SAINT LAURENT

Blouse/CO, Shoes/LANVIN

Foodie/AURALEE

Sweater/SECOND HAND

AUTUMN

Jacket/CELINE, Top/MAISON MARGIELA, Loafers/JOHN LOBB

AUTUMN

Jeans Details　　Blue Skinny: RE/DONE
Black Skinny: RH Vintage
Blue Straight: Serge De Bleu

AUTUMN

「今年デビューを果たした、ヨンアちゃんがデレ
クションするブランド「COEL」。華やかな色で
も気負うことなく楽しめるデザインの大人っぽさ
で、この冬の本命コートに！」

Winter

Coat/COEL , Shoes/CELINE

Coat/COEL, Bag/JIL SANDER

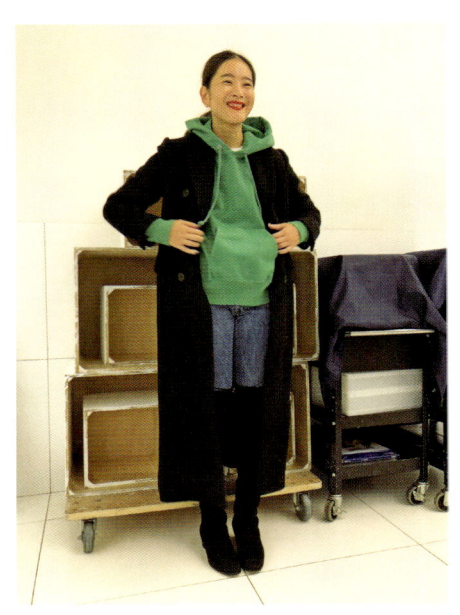

Coat/JILL STUART, Boots/MANOLO BLAHNIK

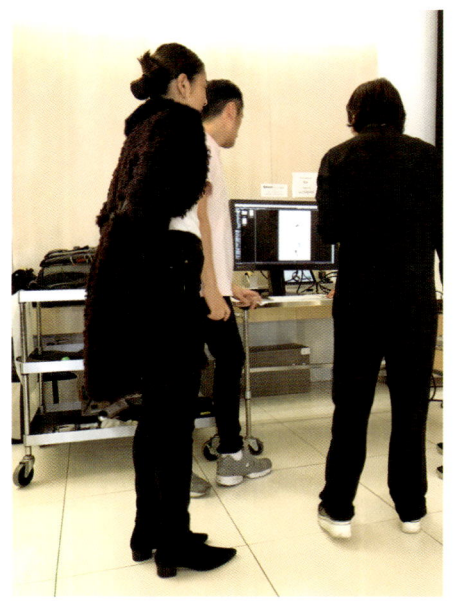

Coat/MIU MIU, Boots/THE ROW

Sweater/AURALEE, Bag/VASIC

WINTER

Jacket/ISABEL MARANT, Sweater/ACNE STUDIOS

Sweater/SECOND HAND

Jacket/USED LEVI'S , Bag/REFORMATION, Shoes/ZARA

Jacket/THE NORTH FACE, Boots/UGG, Cap/ZARA

WINTER

Coat/STELLA McCARTNEY, Sweater/RON HERMAN, Shoes/ZARA

WINTER

Jacket/USED LEVI'S, Boots/MANOLO BLAHNIK

Foodie/AURALEE, Bag/CELINE

「ここ７年ぐらいずっと気分が続いてるハイライズ。脚が長く見えてバランスがとりやすい。だからアウターはショート丈、ロング丈……、オールマイティ！」

Jacket/USED LEVI'S, Shoes/JIL SANDER

Jacket/MINEDENIM, Foodie/H&M

Jacket/ISABEL MARANT, Sweater/DRAWER

Jacket/USED LEVI'S, Boots/SERGIO ROSSI

WINTER

Coat/STEVEN ALAN, Top/FUMIKA UCHIDA

Jacket/THE NORTH FACE, Sneakers/NIKE

Coat/KHAITE , T-shirt/RAG & BONE

Casket/ISABEL MARANT, Shoes/ZARA

WINTER

Jacket/CELINE, Shoes/MARNI

Bag/PIERRE HARDY, Boots/SERGIO ROSSI

Coat/KHAITE, Sweater/ACNE STUDIOS

Jacket/CELINE, Shoes/SEE BY CHLOÉ

WINTER

Jeans Details	Type: Blue Skinny (High Rise Ankle Crop) Brand: RE/DONE Size: 24 inch Inseam: 69cm

Black Skinny (Super High Waist Skinny)
Brand: RH Vintage
Size: 25 inch
Inseam: 70cm

Blue Straight (Staple)
Serge De Bleu
Size 24 inch
Inseam: 67cm

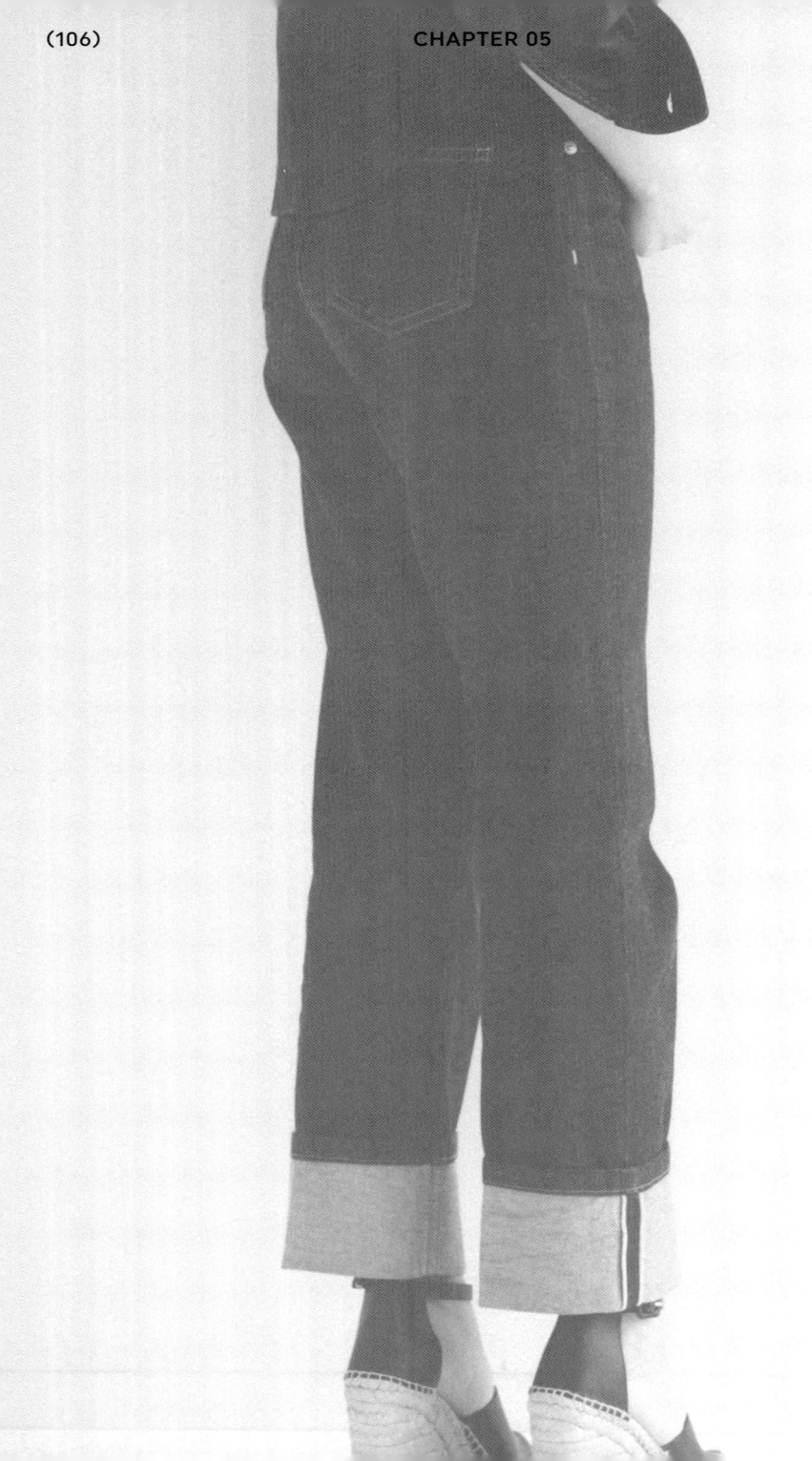

Chapter / 05

Work & Life Style

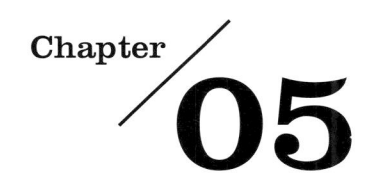

✓ ジーンズとともにある
Dodo's ワーク＆ライフスタイルを公開
Check

Works

こんな仕事をしてます！

雑誌、広告、テレビ、CM……と、これまでスタイリングを手がけてきた仕事は多岐に渡る。またスタイリングだけじゃなく、雑誌『UNION』に至っては、自らが立ち上げ編集長を務めるほど。そんな仕事の一部をご紹介。

 Magazines

N° 13
P: Máté Moro M: Lou Doillon

UNION

「ファッションとカルチャーを視覚的に楽しめて、見る人の想像力を掻き立てるような雑誌を作りたい！」との想いから、友人のHIROYUKI KUBO と『UNION』を立ち上げ、2012年に創刊。部屋に貼りたくなる、手元に残しておきたい。そんなアートのような写真が見どころの、センスあふれる1冊。

N° 01
P: Clare Shilland
M: Nancy Williams

N° 02
P: Clare Shilland
M: Isabelle Johnston

N° 03
P: Clare Shilland
M: Imogen Newton

N° 04
P: Chikashi Suzuki
M: Rinko Kikuchi

N° 05
P: Ola Rindal
M: Kiko Mizuhara

N° 06
P: Mark Borthwick
M: Eliza Hartmann

N° 07
P : Lina Scheynius
M: Lina Scheynius

N° 08
P: Nobuyoshi Araki
M: Mona Matsuoka

N° 09
P: Mark Borthwick
M: Lou Schoof

N° 10
P: Gabrielle Crawford
M: Jane Birkin

N° 11
P: Mark Steinmetz
M: Audrey Marnay

N° 13
P: Piczo
M: Maggie Maurer

25ans ／ハースト婦人画報社

2016年12月号
P: Akinori Ito M: Kiko Mizuhara
この時のハワイ（オアフ島）は珍しく何
日も雨が続き、撮影当日も朝から弱い
雨。でも希子ちゃんが着替えて出てき
た瞬間、晴れ間が出て幻想的な1枚に。

BAILA ／集英社

2017年11月号
P: Yuji Takeuchi M: Youn-a
中ページの特集とリンクした、からし
色×ネイビーの色コーデ。一歩間違え
るとほっこりしがちな装いも、ヨンちゃ
んでこその洗練された雰囲気に！

InRed ／宝島社

2016年12月号
P: Keita Goto M: Rina Ohta
太田莉菜ちゃんの持つ独特な存在感を
より際立たせたくて、あえてよく分か
らないシチュエーションで撮影。この
日はオリーブ畑へ。

Gina ／ぶんか社

2018年夏号
P: Masami Naruo M: Jun Hasegawa
潤ちゃんで6Pまるごとデニムストーリー
なんて、その時の私はまさに"水を得た
魚"状態。撮影裏をコンセプトに、裸に
近いスタイリングを実行（笑）

otona MUSE ／宝島社

2017年12月号
P: Kazuyoshi Shimomura M: Reina
Asami, Seri Iwahori, Mayumi Sada,
Rena Takeshita, Rinka
人気モデルが一堂に会した豪華撮影。
終始ワイワイガヤガヤ、女子のパ
ワーってすごい❤ と改めて感じた、
賑やかで楽しい現場でした。

GINGER ／幻冬舎

2018年4月号
P: Takao Sakai M: Jun Hasegawa
この時のジーンズは、潤ちゃんが
RED CARDとコラボしたスキニー。
シルエットが本当に綺麗で、スタイ
リングはまたしても究極シンプルな
感じに（笑）。

JILL STUART MOOK ／宝島社

2017年Spring & Summer
P: Mitsuo Okamoto M: Mona Matsuoka
表紙としては斬新なコラージュ仕様。ムック本とい
うことで一般誌よりも自由度が高かったこともあり、
デザイナーさんと相談し、遊んでみました。

HONEY ／ネコ・パブリッシング

2015年 #09
P: Yasutomo Ebisu M: Olga B
この特集が潤ちゃんの目に留まり、今こうして一緒に仕事を
するキッカケとなった、記念すべき（笑）デニムストーリー。

Schedule

1つの作品ができるまでの流れをお見せします！

CM撮影、雑誌撮影……細かな部分で多少の違いはあるものの、打ち合わせ→リース→撮影という流れは基本同じ。スタイリストの仕事風景を、とある日の雑誌撮影に密着して、大まかに解説します。

📅🕙 Schedule

03
Coordinate
（コーディネート）

各編集部のコーディネートルームでスタイリング

01
Meeting
（打ち合わせ）

編集の方から企画の説明を受けます

02
Lease
（リース）

多い時は1日20軒のリース！

04
Photo Shooting! ①

（撮影：搬入作業）

衣装をスタジオへ搬入

05
Photo Shooting! ②

（撮影：現場打ち合わせ）

撮影スタッフと細かな詰めを！

Working Flow

01. Meeting

02. Lease

03. Coordinate

04. Photo Shooting ①

05. Photo Shooting ②

06. Photo Shooting ③

07. All Wrapping

08. Check! Check! Check!

06
Photo Shooting! ③
（撮影）

撮影スタート！

07
All Wrapping!
（お疲れさまでした〜！）

全カットの撮影が終了

08
Check !
Check !
Check !

（写真セレクトなど）

後日、写真・レイアウト確認

01. 自分が担当させていただく企画について、まずは編集部のかたから内容を聞き、それを踏まえた上で具体的なスタイリング提案をします。さらに撮影方法などの意見も交わし合い。

02. 約束した日時に各ブランドやショップを回り、企画内容にハマる商品を探し、それを借りてきます。リースが終わる頃にはハイエースもパンパンに。15分刻みで回ることも！

03. シンプルだと借りてくる量も少なく思われがちですが、実は逆。たとえば白T1つ取っても丸首の開き具合、ステッチ、素材の質や厚み……、シンプルだからこそ選択肢は多めに。

04. 事前に行われるコーディネートチェックで採用となった衣装と予備の商品を、撮影スタジオへ運び入れます。毎度ながらすごい量なので、少し時間がかかってしまいます（汗）。

05. スタジオに入り衣装の準備が整ったら、フォトグラファーさんやヘアメイクさんにコーデを披露。撮影方法によってヘアメイクをどう持っていくかなど、互いのイメージを詰めます。

06. 全ての準備が整い、撮影スタート。もちろん撮影しながらも「こうしたほうがいい。ああしたほうがいい」とアイデアを出し合いながらベストな仕上がりを目指していきます。

07. いい写真が撮れた達成感から、みんなが笑顔になる瞬間。寝不足で準備を続けてきた疲れも一気に吹き飛びます。しばらくして落ち着いてきたところで衣装を片づけ、搬出へ。

08. 後日、写真セレクトを行ない、さらにその後メールで送られてくるレイアウトPDFなどを確認。修正したい箇所があれば、編集さんやデザイナーさんと相談。

Atelier

日々ここでコーデ組み！
アトリエ公開

自宅の一室にあるコーディネートルーム。洋服や靴が見やすく
ズラリと並べられたここから日々たくさんのコーディネートが
生まれています。吊るすもの、たたむもの……収納の参考にも。

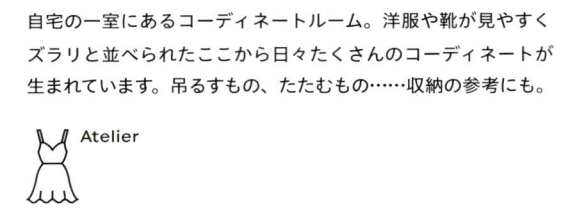 Atelier

01

02

01. Shelf for jumpers　02. Atelier　03. Suitcases 04. Shoes Case
05. Accessories & Jumpers　06. Garments for Photo shooting

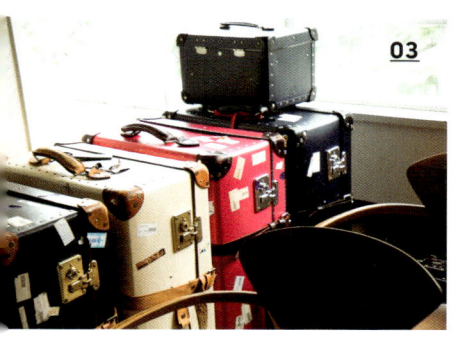

01. ハンガーにかけると型崩れしてしまうTシャツやニット類はたたんで棚へ。なんとなく明〜暗トーンで分けておくと、一目瞭然。コーデが組みやすくなります。

02. 部屋に入って右側にハンガーアイテム、左側にたたみアイテムの棚が、そして奥にシューズコーナーが。こだわりのイスは、撮影小道具として持っていくことも。

03. 海外ロケへはグローブ・トロッターで。洋服を広げたまま平面的に重ねていける箱型なので使い勝手がよく、シワも最小限に。現地でのアイロンがけもラクです。

04. 靴は箱に入れておいたほうが綺麗な状態をキープでき、現場にも持って行きやすく◎。中に何が入っているのか分かるよう、箱の外に写真を貼っています。

05. 表面を白く塗り、マットゴールドの取っ手をつけた自作のカラーボックスには、撮影に欠かせないインナー類、タイツ、ベルトなど、アクセサリー類を収納。

06. ジャケット、シャツ、ブラウスなどのハンガーものは、壁面に設置されたバーに。その手前に置いた可動式ラックに、使う洋服を並べ、コーデを考えていきます。

Life Style

Dodoは２児の母でもあります！

7歳の男のコと4歳の女のコの母でもあり、ON↔OFFの切り替えはしっかりと。くつろぎのプライベート空間とリアルな日常をちょっぴりのぞき見。

Life Style

01

02

03

04

01. ファッション同様ライフスタイルも理想は、
02. 本当に気に入ったものだけに囲まれたシンプ
03. ルな暮らし。「今は子供部屋化しちゃって」というリビングルームも、大きな花柄ソファと１枚のアートで"スタイルある"部屋に！

04. 「食事は家族揃って賑やかに♪」と、ダイニングテーブルは大きめ。１つ１つ違う椅子を配しながらも見事に調和をとるテクニックは必見。さり気なく飾られた花のバランスも絶妙。花とグリーンで毎日の生活に潤いを。

05

THE CITY BAKERY 広尾
東京都渋谷区広尾5-24-1
広尾ユタカタワーズ1F
TEL03-6450-4440
営7:30～18:00　無休

06

ABBEY
東京都港区南青山5-7-23
始弘ビル2F
TEL 03-5774-5774
毎週月曜、第2・3火曜定休

07

05. 朝、娘さんを保育園に送った後、1軒目のリースアポまであまり時間がなく猛ダッシュで帰宅。そして、準備。撮影で集合時間が8時より早くなる朝は、旦那さんとバトンタッチ。互いを助け合う連携プレーが大切。

06. 子供たちを送り出すまでに繰り広げられる怒涛の第1ラウンドを終え、リースに向かう途中1杯のコーヒーでシャキっと気持ちの切り替え。ザ シティベーカリーのコーヒーがお気に入りで、楽しみなルーティーンの1つだとか。

07. 撮影が早く終わった日や、打ち合わせと打ち合わせの合間などに駆け込むヘアサロンは、青山にあるアビー。担当は小田嶋氏。髪が傷んでパサつくとシンプルな格好は、ただの手抜きスタイルに一転。マメなヘアケアが重要に。

Youn-a

STRAIGHT

I love fashion so I'm always wearing different styles of clothes, but jeans are unique in that the more one wears them, the more it becomes their own.

STRA

JEAN

(116/117) T-shirt/ROSETTA GETTY, Blue straight jeans/SERGE DE BLEU, Necklace choker/COEL

(118) Jacket/ZARA, T-shirt/ROSETTA GETTY, Blue straight jeans/SERGE DE BLEU

(119) Mohair jumper/SECOND HAND, Blue straight jeans/SERGE DE BLEU, Loafers heel shoes/PRADA

Dodo（※以下D）：「ヨンちゃんは華やかなプリントドレスも凛としたパンツルックも似合う人だから、ジーンズ特集とかじゃない限り実はこんなにジーンズばかりを着せられる機会ってないんだよね。ヨンちゃんをスタイリングする時は、私もいろんなコーディネートを組みたくなっちゃって、ついついベーシックなジーンズなどの出番がなくなっちゃう。常に"ジーンズ着せたがり"なスタイリストからすると、ヨンちゃんは本当に稀有な存在（笑）。だから今日みたいな撮影は逆に珍しくて、すごく楽しかった。もちろんシンプルな格好が似合うことも知ってはいたけど、想像以上で」

Youn-a（※以下Y）：「え、こんなに褒めてもらえるなんて、今日のお仕事……嬉しすぎる（笑）❤」

Youn-a 「ジーンズは穿けば穿くほどその人のものに なっていくイメージ」

D：「（笑）。それでもやっぱりヨンちゃんにストレートジーンズを選ばせてもらったのは、ジーンズの中でもファッション性が高いというか、スタイリングでいろんなテイストに持っていける1本だから。トラウザー感覚でも穿けて、ちょっとマニッシュな雰囲気もあるから、ヨンちゃんの女性らしさが合わさるとすごくいいバランスに。さらに、＋赤いニットやローファーパンプスでプレッピーにも転ばせてみたの！」

Y：「百々ちゃんはよく知っていると思うけど、私、ファッションが本当に大好きで、普段からいろんなお洋服を着てみたいと思っている人だから、持ってるジーンズの種類も色々。スキニーもあれば、ストレートジーンズもよく穿くしちょっとゆるっとした、いわゆるボーイフレンドタイプも好き。あとはダメージのあるジーンズも！少し色味やシルエットが違うだけでも、ついつい買っちゃう。本当に不思議なんだけど、ジーンズに関しては"終わり"がないというか、常に追い求めてしまう特別な存在。それに、新しいものがあればいいということでもなく、昔のものもなかなか手放せない。ジーンズ以外のアイテムは2年ぐらい着なかったら、似合う人に着てもらいたいと思って譲ったりするんだけど、ジーンズだけは『いつかまた着る』と思って、手元に残しておくことが多いの。でも、出産してからお尻まわりのラインが変わったこともあって、すごく気に入っていたジーンズと何本かサヨナラしたの。いまだに未練いっぱいだけど、仕方なく（涙）」

D：「そんなに細いのに、ね。でも、確かに体重うんぬんじゃなくて"身体のカタチ"が変わってくるから、同じジーンズでも昔と今では明らかに見え方が違う。だから、追究しがいがあって、面白くもあるんだけど。スタイリング力も鍛えられるしね！」

Y：「確かにジーンズは穿けば穿くほど、その人のものになっていくイメージ」

PROFILE
ヨンア・韓国ソウル出身。多数の女性誌でカバーを飾り、唯一無二のモデルとして圧倒的な存在感を誇る一方、明るく愛嬌あるキャラクターでバラエティ番組やCMなど多方面において活躍中。7月にデビューを果たした自身のブランドCOELは、今年大きな話題に。
https://ec.coel-y.net/store/
Instagram @youn1029

D：「そうなの。よく穿くジーンズは単純に身体に馴染んでくるだけじゃなく、穿く人の"スタイル"になってくる。逆を言えば、普段から穿き慣れていないと、どこかぎこちなさが出てしまうもの。身体に合っていたとしても"その人の雰囲気にフィットしてない"ということがよくあって。それはたぶん、ジーンズの扱い方に慣れてないから、どうスタイリングすればいいのか、調理法が分からないってことだと思うんだけど」

Y：「確かにジーンズって、スタイリング次第でガラリと表情が変わるよね。たとえば私もダメージジーンズは好きだけど、上もTシャツ、足元もスニーカーといった、思いっきりカジュアルなLA風のスタイルよりも、ダメージジーンズには可愛らしいブラウスやサングラスを合わせて、どこかエレガントな雰囲気を入れるスタイルが私らしいし、似合うかな、と思ってる」

D：「ヨンちゃんは普段からジーンズを穿いているから、自分に似合うもの・似合わないものがちゃんと分かってる。でも穿き慣れていないと『自分に何が似合って、何が似合わないのか』それすら知ることができない。でもジーンズって、誰にでも似合うものが必ずあって、スタイリングの仕方で自分らしく楽しめるから、普段から積極的に穿いて味方につければ、本当に最強のアイテム！　まずは自分の身体に合うジーンズを見つけて、料理して、しっかり自分の"味"にして欲しい」

Y：「サイズ選びによっても印象が違ってくるし、スタイリングも無限。たくさんの可能性を持ったジーンズは、やっぱり永遠のテーマだね」

D：「うん、おしゃれの仕方がイマイチ分からなくてもジーンズからなら始めやすいし、自分のスタイルを磨く、いいトレーニングになるからね！」

Chiharu Dodo 「自分に合うジーンズを見つけて、自分の"味"
に仕上げていって欲しい」

Shop List

A

Acne Studios (Acne Studios Aoyama) 03-6418-9923

Ambush® (Ambush® Workshop) 03-6451-1410

A.P.C. (A.P.C. Customer Service)..................................... 03-3710-7033

A|X Armani Exchange (Giorgio Armani Japan) 03-6274-7070

B

Byredo (Edström Office) 03-6427-5901

C

Citizens Of Humanity (Citizens Of Humanity Japan) 03-6805-1777

Current/Elliott (The Sazaby League) 03-5412-1937

D

Demylee (The Sazaby League) 03-5412-1937

Diesel (Diesel Japan) 0120-55-1978

E

Elin (Cruise) 03-6427-9231

Emilio Pucci (Emilio Pucci Japan) 03-5410-8992

F

Flying Cloud Hats (Beams Women Shibuya) 03-3780-5501

Fumika Uchida (Cliff Co.Ltd.) 03-5844-6152

I

Isabel Marant (Isabel Marant) 03-5772-0412

J

J.M. Weston (J.M. Weston Aoyama) 03-6805-1691

K

KBF (Kbf Laforet Harajuku) 03-5771-6538

KMB (Beauty&Youth United Arrows Shibuya Koendori)　　 03-5428-1894

L

Laura Urbinati (Steven Alan Tokyo) 03-5428-4747

Levi's® (Levi Strauss Japan K.K.) 0120-099-501

Levi's® Vintage Clothing (Levi Strauss Japan K.K.) 0120-099-501

M

Macphee (Tomorrowland) 0120-983-511

Madisonblue (Madisonblue) 03-6434-9133

Maison Kitsuné (Maison Kitsuné Customer Center)............ 0120-667-588

Minedenim (Mined) 03-6721-0757

Mykita (Mykita Japan) 03-3409-3783

O

Only Hearts (Steven Alan Tokyo) 03-5428-4747

Oui Oui (Demi-Luxe Beams Shinjuku) 03-5339-9070

P

Pierre Hardy (Pierre Hardy Tokyo) 03-6712-6809

Pellico (Aman) 03-6418-5889

R

Rag & Bone (Rag & Bone Omotesando)   03-6805-1630

Rag & Bone/Jean (Rag & Bone Omotesando)   03-6805-1630

Red Card (Guest List)   03-6869-6670

S

Serge De Bleu (Showroom Session) 03-5464-9975

Sergio Rossi (Sergio Rossi Customer Service) 0570-016-600

Sophie Bille Brahe (Steady Study)..................................... 03-5469-7110

Sophie Buhai (Steven Alan Tokyo) 03-5428-4747

Sophie Monet (Rhc Ron Herman) 045-319-6700

Stüssy (Stüssy Japan) 0548-22-7366

T

Tomwood (Steady Study)... 03-5469-7110

U

Uniqlo, Uniqlo U (Uniqlo) 0120-170-296

#

6 (Roku Shibuya Cat Street) 03-5468-3916

(124) Dress/MADISONBLUE, Black skinny jeans/RH VINTAGE
Bracelet/ENASOLUNA, Boots/PIPPICHIC

(125) Above: Camisole/FUMIKA UCHIDA, Black skinny jeans/RE/
DONE VINTAGE, Below: Jacket/MINEDENIM, Blue skinny
jeans/RE/DONE, Ballet shoes/ADAM ET ROPÉ

PROFILE

百々千晴

1999年よりスタイリスト野崎美穂氏に師事。2002年退社。
2004年よりスタイリストとして活動をスタート。シンプ
ルでありながら洗練されたスタイリングで、雑誌、広告を
中心に活躍中。数多くの女優、モデルからの信頼も篤い。
現在は雑誌『Union Magazine』編集長、ブランドディレ
クターとしても幅広く活動。2児の母。

Instagram @dodo_chiharu
www.dodochiharu.com
Union Magazine www.union-mag.com

T-shirt/RE/DONE, Black skinny jeans/RH VINTAGE Boots/PIPPICHIC

あとがき

どうでしたか？
参考になってたらいいなー。って思っています。

私にとって初めての本。もう後半ですが2018年はとても大切な年になりそうです。帯を書いてくれた河北さんのご提案でもあった３本あれば！　なんて最初言いすぎ？と思ったのですが、そういえばよく考えたら、３本ぐらいのジーンズしか穿き回してないのが本当の本当の話で。河北さんって人のことがよく見えてるんだなって。ありがとうございました。

考え方、持ち物、姿勢、究極なことまで言ってしまうと呼吸の仕方。ぜーんぶひっくるめてそれを私のスタイルだ！　と言いますが。私はシンプルでミニマルでいたいのです。

最後に、ゆーじ、杉山さん、一坊寺さん、私のワガママを許してくれてありがとうございました。撮影合間に未完成すぎる私の顔をそのプロの手でチャチャっと仕上げてくれた　美舟さん、AIKOちゃん、shuco、なぎちゃん。ありがとう。

親友でありUNIONのお父さんHIROくんいつもありがとう。そして今囘も、迷惑かけてごめんね。

スタイリストとして一から育ててくれた師匠である野崎美穂さん、ありがとうございました。

卒業してバリバリ活躍してるキム、現アシスタントの小林さん。私が私でいられるのはあなたたちのおかげです。ありがとう。

私の大切なお父さん、お母さん、弟、旦那さん、息子、娘。ありがとう。
見てくださった皆さまありがとうございました。

2018年　　　　　　　　　　　　　　CHIHARU DODO｜百々千晴

THE DODO JEAN "ジーンズ3本でスタイルは決まる!"

2018年12月9日　初版発行

著者	百々千晴
撮影	人物：竹内裕二（BALL PARK） 酒井貴生(aosora)［P62-67］ MACHIO［P124-126］ 静物：魚地武大（STUDIO TENT）
ヘアメイク	河北裕介
イラスト	sai
アートディレクション	HIROYUKI KUBO
編集	杉山ゆり 一坊寺麻衣（ワニブックス）
印刷所	凸版印刷株式会社
プリンティングディレクター	井上優（凸版印刷）
発行者	横内正昭
発行所	株式会社ワニブックス 〒150-8482東京都渋谷区恵比寿４－４－９　えびす大黒ビル 03-5449-2711（代表）　03-5449-2713（編集）